Urlaubsküche

Urlaubs

Katharina Bodenstein

küche

Die besten Rezepte für Wohnmobil, Camping, Hütte und Boot

Mit Fotos von Jutta Schneider und Michael Will

AT Verlag

2. Auflage, 2008

AT Verlag, Baden und München
Fotos: Jutta Schneider/Michael Will, www.phoenix-edition.de;
Fotos Seite 125 links oben und rechts unten: J. Keller, Untersiggenthal
Zeichnung Symbole: Stefan Weiss, Ennetbaden
Lithos: Vogt-Schild Druck, Derendingen
Druck und Bindearbeiten: Firmengruppe APPL, aprinta Druck, Wemding
Printed in Germany

ISBN 978-3-03800-295-6

www.at-verlag.ch
www.urlaubsküche.com

Inhaltsverzeichnis

Vorwort

Liebe Leserinnen und Leser

Dieses Buch richtet sich an Urlauber, die unterwegs gerne frisch, einfach und kreativ kochen, und dies ohne viel Zeit zu verlieren, denn schließlich ist Urlaub! Wir zeigen Ihnen über 100 schnelle und originelle Rezepte, die alle auf ein bis zwei Flammen auch Anfängern leicht gelingen. Das Motto bei der Ausrüstung lautet: Weniger ist mehr! Eine Pfanne, zwei Töpfe, Reibe, Sieb und ein Grillrost ist alles, was Sie an Kochgeschirr für die vorgestellten Gerichte benötigen (siehe Seite 8), ein Kühlschrank ist nicht erforderlich. Alle Rezepte gelingen ohne Abwiegen, da wir die Zutaten tassen-, löffel- oder stückweise angeben. Außerdem stecken die Rezeptvorschläge voller Variationen, damit Sie unterwegs kreativ und flexibel handeln können, wenn das eine fehlt, dafür etwas anderes vorhanden ist. Mit einem kleinen Trick lassen sich übrigens alle Leckereien auch auf nur einer Kochstelle zubereiten (siehe Seite 115).

Verschiedene weitere Kapitel vermitteln Ihnen unterhaltsam und informativ Wissenswertes rund ums Kochen und Genießen unterwegs: Sie lernen feine Kräuter, Blüten, Beeren und Pilze in der Natur und auf Märkten kennen und zaubern im Handumdrehen leckere Mitbringsel wie feine Öle und Essige, in denen Sie die Aromen des Urlaubs einfangen. Pleiten, Pech und Pannen gehören beim improvisierten Kochen dazu: Wir verraten pfiffige Lösungen, um diese elegant zu meistern. Und nicht zuletzt darf natürlich das Kochen, Garen, Braten und Grillen am offenen Feuer unter freiem Himmel nicht fehlen.

Ziel dieses Buches ist zu vermitteln, dass es gelingt, auch unter einfachen Umständen gut zu leben und die schönste Zeit des Jahres mit allen Sinnen zu genießen.

Wir freuen uns, wenn dieses Buch als Ideenquelle und Nachschlagewerk im Wohnwagen, im Campingmobil, in der Ferienwohnung, auf der Hütte oder in der Kombüse seinen festen Platz findet – oder, wie wir aus eigener Erfahrung wissen, auch zu Hause, nachdem das Zelt abgebaut und der Urlaub vorbei ist, seine guten Dienste tut.

Ihre Meinung zu unserem Buch ist uns wichtig. Unter www.urlaubsküche.com können Sie sich gerne mit uns und anderen wilden Köchen auf Reisen austauschen. Außerdem finden Sie hier weitere Rezepte, Ausrüstungs- und Veranstaltungstipps sowie immer neue Ideen zum Thema.

Viel Spaß beim Kochen und Genießen unterwegs und eine gute Reise wünschen Ihnen

Ihre Katharina Bodenstein und Jutta Schneider

www.urlaubsküche.com

Kochen mit leichtem Gepäck

Die in diesem Buch vorgestellten Gerichte sind so ausgewählt, dass sie mit einer kleinen Anzahl Kochutensilien problemlos gelingen. Als Grundausrüstung benötigen Sie Folgendes:

eine beschichtete leichte Pfanne (26 oder 28 cm Durchmesser mit 6–8 cm hohem Rand, ca. 2,5–3 Liter Inhalt)

ein großer Kochtopf mit Deckel (Deckel ebenfalls auf die Pfanne passend) (26 oder 28 cm Durchmesser, 8 cm hoch, ca. 4 Liter Inhalt)

ein kleiner Topf mit Deckel (18 cm Durchmesser, 7 cm hoch, ca. 1,5 Liter Inhalt)

eine Reibe (mit verschiedenen Reibeflächen, auch austauschbar)

feines Sieb (20 cm Durchmesser)

Grillrost oder Grillschale

Ein weiteres Symbol zeigt, welche Gerichte bei Kindern besonders gut ankommen:

Für Kinder besonders geeignet

Weitere Tipps für eine gute Ausrüstung mit nützlichen und schönen Dingen finden Sie im Serviceteil (Seite 140).

Nicht vergessen!

Schneidebretter, Dosenöffner, Flaschenöffner, Korkenzieher (oder Taschenmesser mit entsprechenden Funktionen), Gemüseschäler, Kelle, Bratschaufel, Brotmesser, grosses Kochmesser für Gemüse/Fleisch, Feuerzeug, Küchentücher, Spülmittel, Abwaschschwamm, Kunststoffbeutel, Alufolie, Grillspieße, Wäscheleine und -klammern

Für grüne Mitbringsel: mehrere Teefilter/Kaffeefilter

Zum Sammeln von Kräutern, Beeren, Pilzen: Baumwollbeutel

Schöner Luxus für unterwegs

Tischdecke, Kerzenlicht, Espressokanne für den Herd, Milchaufschäumer oder Schüttelbecher für Salatsauce usw. (möglichst mit Milliliter-Angabe!), Zitronenpresse, Kühltasche und Kühlelemente, Mückenkerzen, Salatschüssel, eventuell Eiswürfelbeutel, kleine Salz- und Pfeffermühle, Mörser und Pistill

Grundvorrat für alle Fälle

Muskatnuss, getrockneter Chili, getrocknete Kräuter (besser aber frische), Ingwerknolle, Brühwürfel, Nudeln, Reis, Couscous, Bulgur, rote Linsen, Thunfisch (Dose), Tomatenmark (Tube), Senf, Meerrettich (Tube), Knäckebrot, Pumpernickel, haltbare Milch, Öl, Essig, Salz, Pfeffer, Zucker, Thaicurry-Pulver oder -Paste

Kochtipps – fix und lecker

- Schnelle Körner: Bulgur und Couscous. Die Garzeit liegt zwischen 3 und 7 Minuten.
- Schnelle Nudeln: Feinste Bandnudeln wie Capellini, Capelvenere und Capelli d´angelo (Engelshaar) sind viel dünner als Spaghetti; ebenso fix fertig sind Glasnudeln aus Reismehl; sie sind in 2 bis 3 Minuten gar, dann mit kaltem Wasser kurz überbrausen; Suppennudeln brauchen bis zu 5 Minuten.
- Schnelle Hülsenfrüchte: Rote Linsen sind in rund 10 Minuten gar, Zuckererbsen (Kefen) in 2 bis 3 Minuten blanchiert. Kichererbsen und Erbsen verwendet man besser aus der Dose.
- Schneller Reis: Basmati- oder Duftreis quillt in rund 8 bis 10 Minuten, während Risottoreis rund 30 Minuten braucht.
- Schnelles Gemüse: Auberginen, Zucchini, kleine Brokkoliröschen, Tomaten, Champignons, Zwiebeln. Das Gemüse fein schneiden, nur kurz blanchieren oder andünsten, dann mit etwas Wasser oder Brühe aufgießen. So bleibt es schön knackig und wunderbar geschmackvoll – und Sie sparen – ganz nebenbei – noch viel Kochzeit!
- Schnelle Kartoffeln: Möglichst junge Kartoffeln mit feiner, sauberer Schale nehmen, diese dranlassen und die Knollen fein würfeln – das spart Kochzeit.
- Schnelle Dosen: Tomaten, Kichererbsen, Thunfisch (delfinfreundlich gefangen), Mais, Erbsen. Tomaten aus der Dose sind oft geschmackvoller als frisch gekaufte Treibhausware.
- Schnelle Tuben: Tomatenmark, Meerrettich, Remouladensauce, Senf.
- Zeit sparen am Herd: Reis, Kartoffeln, Nudeln, Hülsenfrüchte und schnelle Körner ziehen in der Kochkiste sanft durch. Das spart Brennstoff, und die Flamme ist frei für ein zweites Gericht (siehe Seite 115).

Wissenswertes zu den verwendeten Zutaten

Verwenden Sie ein möglichst hochwertiges kaltgepresstes Olivenöl extra vergine.

Als Mehl nehmen wir immer normales Haushaltsmehl Typ 405 (Weissmehl), bei Eiern sowie Gemüse wie Kartoffeln, Paprika, Karotten und Zucchini jeweils mittelgroße Exemplare. Falls von Zitrusfrüchten die Schale gebraucht wird, immer ungespritzte, ungewachste Früchte wählen. Fleisch sollte möglichst aus ökologischer Aufzucht stammen.

Zu den verwendeten Rahmsorten:
Rahm (Vollrahm) = Schlagsahne oder Schlagsahne extra.
Saurer Halbrahm = saure Sahne oder saure Sahne extra.
Doppelrahm = Crème double.

Pfeffer am besten frisch mahlen oder zerstoßen, Meersalz schmeckt vor allem in mediterranen Gerichten besonders gut. Statt Zucker empfehlen sich zum Süßen Honig, Rohrohrzucker, Ursüße oder Wurzelrübensirup, der besonders beim Glasieren von Wurzelgemüse seinen Geschmack entfaltet. Gemüse-, Rinder- und Hühnerbrühe, gekörnt, als Würfel oder Paste, sollte möglichst glutamatfrei sein (der Geschmacksverstärker Glutamat kann, in größeren Mengen genossen, Kopfschmerzen und Schwindel verursachen). Statt gekörnter Gemüsebrühe schmeckt auch eine Mischung aus zerstoßenem Piment, Wacholderbeere und geriebener Muskatnuss. Zum roten Thaicurrypulver siehe Schon gewusst, Seite 42.

Als Rot- oder Weißweinessig verwenden wir den italienischen Würzessig aus Traubenmost (Balsamicoessig). Hochwertiger Balsamicoessig ist sirupartig und mild-würzig ohne die typische essigartige Schärfe.

Für kalte Getränke Mineralwasser oder abgekochtes Wasser nehmen.

Mengen und Gewichtsangaben

Es werden folgende Abkürzungen verwendet:
ml = Milliliter (100 ml = 10 cl = 1 dl = ¹⁄₁₀ l)
g = Gramm
Msp. = Messerspitze
1 EL = 1 gestrichener Esslöffel (= ca. 6 ml)
1 TL = 1 gestrichener TL (= ca. 2–3 ml)

Nachfolgend die Mengenangaben einiger Grundzutaten nach Tassen bzw. Esslöffeln (es handelt sich um ungefähre Angaben, da die Tassen bzw. Esslöffel unterschiedlich groß sind):

	1 gestrichener EL	1 mittelgroße Tasse
Wasser	6 ml	180 ml
Mehl	6 g	160 g
Zucker	7 g	170 g
Reis	8 g	160 g
Couscous	6 g	135 g
Hartweizengrieß	6 g	135 g
Popcorn-Mais	9 g	170 g
Bulgur	7 g	140 g
Rote Linsen	8 g	180 g

Blitzrezepte auf ein bis zwei Flammen

Mit nur einer Pfanne, zwei Töpfen, Sieb, Reibe und Grillrost können Sie alle in diesem Buch vorgestellten Gerichte kochen. Bei jedem Rezept finden Sie als Symbol die jeweils benötigten Utensilien – auf diese Weise wissen Sie auf einen Blick, was Sie zum Kochen bereitstellen müssen. Für sämtliche Rezepte genügen zwei Kochstellen, unabhängig vom verwendeten Brennstoff; sofern Sie eine Kochkiste benützen (siehe Seite 115), reicht für alle auch nur eine Flamme. Unsere Rezepte gelingen alle ohne Waage, da wir alle Zutaten tassen-, löffel- oder stückweise angeben; ein Kühlschrank ist nicht erforderlich. Die Rezepte sind für vier Personen berechnet, für zwei oder nur eine Person halbieren Sie einfach die angegebenen Mengen und verwenden kleinere Töpfe und Pfannen.

Vorspeisen

Willkommensgruß:
Annas Crostini

Anna ist Köchin, Künstlerin und Pantomimin. Bei unserem letzten Treffen unterwegs verwöhnte sie ihre Gäste mit fantasievoll belegten Crostini. Ihr Tipp für Hobbyköche unterwegs: »Immer in die Höhe arbeiten, dann schauen die Happen besonders hübsch aus.«

Italienisches Krustenbrot oder Baguette in fingerdicke Scheiben schneiden und mit einem der folgenden Vorschläge belegen; nach Belieben die Brotscheiben zuvor in der Pfanne, auf dem Grill oder über dem offenen Feuer (siehe Seite 71) kurz in etwas Olivenöl anrösten.

- **Olivenpesto** (siehe Seite 38), darauf marinierte Auberginen-, Paprika- oder Champignonscheiben (siehe Seite 16), einen hauchfeinen Streifen Parmaschinken und mit einem Zitronenmelissen- oder Pfefferminzblatt dekorieren (siehe Seite 133, 138).
- **Basilikum- oder Tomatenpesto** (siehe Seite 37), darauf marinierte Achtel von Cocktailtomaten (siehe auch Bruschetta, Seite 71), feine Streifen von Zitronenscheiben und fein geschnittene Streifen von Zitronenmelisse oder Minze.
- **Mozzarella** in dünnen Scheiben, darauf einen Klecks Sauerrahm, mit ein paar Tropfen Olivenöl beträufeln, leicht salzen und feine Streifen Zitronenschale und Basilikum daraufgeben; statt Zitronenschale und Basilikum schmecken auch Kapernäpfel – besonders hübsch sehen die Happen aus, wenn dabei der Stiel nach oben steht (siehe unten, Schon gewusst?).

Schon gewusst?
Kapern, Kapernäpfel und falsche Kapern

Kapern sind die ungeöffneten Blütenknospen vom Kapernstrauch (Capparis spinosa), der entlang der mediterranen Felsküste gedeiht. Er wächst meist kriechend über Geröll und Steine oder hängt von Böschungen herab. Die Kapernäpfel sind die Früchte des Kapernstrauchs. Diese schmecken in Essig eingelegt, aber auch angebraten, zu Gemüse wie zum Beispiel Ratatouille. Die Knospen von Gänseblümchen, Bärlauch, Kapuzinerkresse oder Löwenzahn lassen sich als Kapernersatz ebenfalls in Essig einlegen (siehe Seite 103).

Leckere Happen sind im Handumdrehen belegt und verwöhnen im Urlaub den Gaumen.

Gemüseschnitze dippen: Frische Gemüsestreifen laden zum gesunden Genießen ein.

- **Antipasti** wie eingelegte Paprika und Pilze (siehe Seite 16) als Belag verwenden.
- **Ziegenfrischkäse** mit fein geschnittenem Schnittlauch, Olivenöl und gemahlenem Pfeffer mischen und auf die Brotscheiben streichen; darauf jeweils ein Häufchen klein geschnittene Gurke geben.
- **1 Avocado** zerdrücken, mit 4 EL (50 g) mildem Gorgonzola vermengen, nach Belieben etwas geriebene Zitronenschale hinzufügen, salzen, pfeffern und aufs Brot streichen.
- **Parmaschinken und Birne:** Die Birne in feine Scheiben schneiden und mit etwas Zitronensaft beträufeln. Die Brotscheiben mit Birnenscheiben und Parmaschinken belegen und etwas pfeffern. Schmeckt auch mit Honig-, Netz- oder Kantalupmelone lecker.

Schon gewusst?
Salz- und Wasserspender für heiße Tage

Fruchtstücke von Melonen und Birnen, mit Salzigem wie Schinken und Schafskäse kombiniert, gleicht den Mineralstoffhaushalt aus.

Von der Hand in den Mund:
Gemüseschnitze dippen

1 Chicoree
1 gelbe und/oder rote Paprikaschote
2 Karotten
1 Fenchelknolle
1 Staudensellerie, in mundgerechte Streifen, Stücke und Scheiben geschnitten

Apfeldip

1–2 Schalotten oder 1 Zwiebel
1 TL Butter
1 Prise scharfes Currypulver (oder Paprikapulver)
1 saurer Apfel
2–4 EL Zitronensaft
1 Becher (150 g) Doppelrahm-Frischkäse
Salz, Pfeffer

Die Schalotten sehr fein schneiden und in einem kleinen Topf in etwas Butter glasig dünsten, mit Curry- oder Paprikapulver würzen und zum Abkühlen in ein Schälchen geben.

Den Apfel schälen, grob reiben und sofort mit Zitronensaft verrühren, dann mit Frischkäse und Zwiebeln mischen, salzen und pfeffern.

Mineralstoffspender für heiße Tage (siehe Schon gewusst, Seite 13).

Frisch gebrutzelte Blätter- und Blütenmäuschen aus der Freiluftküche.

Frisch gebratene Blättermäuschen schmecken Kindern gut.

Pikanter Kräuterdip

1 Becher (150–250 g) Joghurt oder Quark
2–4 EL klein geschnittene Kräuter (Dill, Schnittlauch, Petersilie)
1 Msp. bis 1 TL geriebener Meerrettich
Salz, Pfeffer

Alle Zutaten verrühren und mit Salz und Pfeffer abschmecken.

Knusprige Blätter- und Blütenmäuschen

Blätter- und Blütenmäuschen sind ruckzuck fertig und schmecken pur, zum Rohkostteller wie auch zu Dip- und Grillsaucen. Ein Vorteil der Freiluftküche: Das Fett kann dabei spritzen, wie es will!

Salbeiblätter
Rucola
Basilikum
Minze
Borretsch
Löwenzahn
Petersilie
junge Brennnessel-, Linden-, Birkenblätter
Holunder-, Zucchiniblüten

Für den Teig:
2 EL Mehl
6–8 EL Bier oder Mineralwasser mit wenig Kohlensäure, Salz

Das Mehl mit der Flüssigkeit zu einem dünnen, glatten Teig verrühren und etwas salzen.

Die Blätter und Blüten einzeln durch den Teig ziehen und in einer Pfanne in Öl oder Butter goldbraun backen.

Ruckzuck gebraten:

Oliven mit Oregano

2–3 Handvoll (200 g) würzige schwarze Oliven
2–3 Knoblauchzehen, klein geschnitten
1 Handvoll Oreganoblätter
2–3 EL Olivenöl
5–6 EL Balsamicoessig
2 EL Wasser
Salz, Pfeffer

Die Oliven mit dem Knoblauch 2–3 Minuten in 1 EL Olivenöl braten, den Oregano einstreuen, mit Balsamico und Wasser ablöschen und zur Hälfte einkochen lassen, dann das restliche Olivenöl (stattdessen passt auch Oreganoöl oder Olio picante, siehe Seite 100) darüberträufeln, salzen und pfeffern.

Lecker dazu: Weißbrot, Wurst, Käse, Antipasti.

Antipasti nach Camperart:

Mariniertes Gemüse

2 Zwiebeln
2 rote, orange oder gelbe Paprikaschoten
oder 2–3 Zucchini oder 1 große Aubergine
oder 250–400 g Champignons
Olivenöl zum Braten

Marinade:
3 EL Öl
Saft von 1 Zitrone oder 3 EL Weißweinessig
1 Knoblauchzehe, klein geschnitten
1 rote Chilischote, entkernt, in Scheiben geschnitten
3 EL frische Kräuter (Basilikum, Petersilie, Kerbel)

Die Zwiebeln schälen und vierteln, die Paprika in Streifen, Zucchini oder Aubergine und die Pilze in Scheiben schneiden.

In einer Pfanne etwas Öl erhitzen und das Gemüse nacheinander (Pilze mit den Zwiebeln zusammen) auf mittlerer Flamme gar braten, dann in einer Schale oder auf einem Teller abkühlen lassen.

Die Zutaten zur Marinade verrühren, mit Salz und Pfeffer abschmecken. Das Gemüse damit beträufeln und nach Belieben vor dem Servieren noch 10–30 Minuten zugedeckt durchziehen lassen.

Lecker zu Weißbrot oder gegrilltem Fleisch. Das Gemüse lässt sich auch gut vorbereiten.

Tischfein im Handumdrehen:

Räucherlachs in Zitronen-Kapern-Marinade

10 Scheiben geräucherter Lachs (ca. 150 g)

Marinade:
2–3 EL Zitronensaft
2–3 EL Olivenöl
1 Msp. scharfer Senf
1 EL fein gezupfter Dill
1 Prise Zucker
Salz, Pfeffer
2 TL Kapern
1 EL gehackte Schnittlauchröllchen
1 EL Dillspitzen

Die Zutaten zur Marinade verrühren, mit Salz, Pfeffer und Zucker abschmecken. Die Marinade über den angerichteten Lachs träufeln und den Lachs mit Kapern, Schnittlauchröllchen und Dillspitzen bestreuen.

Lecker dazu: 1 Avocado, geschält, in Scheiben geschnitten und mit etwas Zitrone beträufelt.

Suppen

Feine Gemüsebrühe für alle Fälle

Mit diesem Grundrezept sind Sie für viele Situationen gewappnet: Sie können Suppennudeln, Reis, rote Linsen oder in feine Streifen geschnittene Pfannkuchen als Einlage hineingeben oder daraus eine leckere Minestrone, einen Bohnen- oder Linseneintopf kochen.

2 Karotten, geschält
1 Stange Lauch
1 Scheibe Sellerie
½ Bund Petersilie
ca. 2,5 l Wasser
1 Brühwürfel (ersatzweise eine Mischung von zerstoßenem Piment, Wacholderbeere und Muskatnuss)
Salz, Pfeffer
½ Muskatnuss

Karotten, Lauch und Sellerie in grobe Stücke schneiden und mit der Petersilie im Wasser etwa 30 Minuten kochen. Dann das Gemüse herausfischen oder die Brühe durch ein Sieb abschütten. Den Brühwürfel zur Suppe zugeben und darin auflösen, mit Muskat, Salz und Pfeffer abschmecken.

Tipps:
- Statt dem Lauch 2 Zwiebeln verwenden.
- Besonders würzig wird die Suppe, wenn 1 zerkleinerte Petersilienwurzel oder etwas Liebstöckel (siehe Seite 138) mitgekocht wird.
- Für eine sämige Suppe 1 geschälte, gewürfelte Kartoffel mitkochen.

Variationen:
- **Minestrone:** Gemüse wie klein geschnittene Karotten, Kartoffeln, Staudensellerie, Wirsing, Brokkoli und vorgekochte weiße Bohnen (Borlotti) in der fertigen Brühe bissfest garen. Besonders geschmackvoll wird die Minestrone zusätzlich mit gebratenen Speckwürfelchen, 1–2 EL Olivenöl und 2–3 EL Tomatenmark sowie klein geschnittenen Borretschblättern (siehe Seite 134).
- **Einlage:** Suppennudeln, Glasnudeln, Reis oder fein geschnittene Pfannkuchen in der Brühe machen die Suppe sättigender. 1 Handvoll Parmesan verleiht der Suppe Pfiff.
- **Schnelle Hühnerbrühe:** 2 Hähnchenschenkel (ca. 500 g) in der Brühe mitkochen, dann das Fleisch mit dem Gemüse herausnehmen, die Haut vom Fleisch abziehen und das Fleisch klein schneiden. Für eine scharf-würzige Note 1 Chilischote und 1–2 Knoblauchzehen mitkochen.

Der Kommentar von Dorothea von Mohrenfels: »Diese klassische Kraftbrühe wirkt Wunder an einem verregneten Urlaubstag und bei sonstigem Unwohlsein. Dazu gibt es frisches, in Scheiben geschnittenes Weißbrot. Kindern macht es Spaß, Brotstücke in die Suppe zu tunken, und so entsteht schnell eine einfache Brotsuppe.«

Bärlauchnocken

3 Handvoll Bärlauch (70 g), klein geschnitten
3 gehäufte EL Ricotta (125 g)
1 Ei
6 gehäufte EL frisch geriebener Parmesan (50 g)
4 gehäufte EL Mehl (50 g)
½ Muskatnuss
Salz, Pfeffer

Alle Zutaten miteinander verrühren, Muskatnuss dazureiben, salzen und pfeffern. Mit zwei Teelöffeln Klößchen formen und diese in der Gemüse-, Hühner- oder in einer Rindfleischbrühe bei geschlossenem Deckel 10–15 Minuten ziehen lassen (nicht kochen!).

Tipps:
- Die Nocken schmecken auch lecker in der Pfanne in etwas Butter geschwenkt.
- Als Beilage, etwa zu Spargeln, die doppelte Menge Zutaten nehmen.
- Statt Bärlauch kann man die Nocken auch mit Spinat oder Brennnessel, nach Belieben auch gemischt, zubereiten.

Schon gewusst?
Glücksbringer Muskatnuss

Muskatnuss beeinflusst die Ausschüttung der körpereigenen Glückshormone. Daher kann es sehr hilfreich sein, immer eine Nuss samt Minireibe im Gepäck zu haben. Bereits Hildegard von Bingen, die berühmte heilkundige Nonne (1098–1179) lobte dieses Gewürz: »Die Muskatnuss hat große Wärme und eine gute Mischung in ihren Kräften, und wenn ein Mensch die Muskatnuss isst, öffnet sie sein Herz und reinigt seinen Sinn und bringt ihm einen guten Verstand.«

Schnelles Suppenglück:

Rote Linsensuppe

Rote Linsen garen erheblich schneller als ihre Hülsenfruchtverwandten: Durch die Entfernung der Hülle sind sie bereits in ihre Hälften zerfallen. Dies verkürzt die Kochzeit erheblich!

- 1 Zwiebel, klein geschnitten
- 1 EL Olivenöl
- 1 Knoblauchzehe, fein geschnitten
- fein geschnittene Schale von ½ Zitrone
- 250 g rote Linsen
- ca. 5 Fleischtomaten (500 g), klein geschnitten (oder 1 400-g-Dose gehackte Tomaten)
- 1 l Gemüsebrühe
- 4 EL Tomatenmark
- Salz, Pfeffer
- 4 EL Sauerrahm
- Joghurt oder Crème fraîche
- einige Blättchen Basilikum

Die Zwiebel in einem grossen Topf Öl glasig dünsten, dann den Knoblauch dazugeben und zum Schluss die Zitronenschalenstreifen einstreuen. Die gewaschenen Linsen und die Tomaten einrühren, mit der Gemüsebrühe aufgießen, das Tomatenmark beifügen und 5–10 Minuten auf mittlerer Flamme kochen, dann mit Salz und Pfeffer abschmecken. Mit einem Klecks Sauerrahm verzieren und mit klein gezupften Basilikumblättern bestreuen.

Aufgepasst:

Linsen nicht länger als 10 Minuten kochen, sonst zerfallen sie. Kleiner Trost: Sie schmecken dann trotzdem und machen die Suppe sämig.

Variation:

Statt mit Basilikum können Sie die Suppe auch mit klein gezupften Koriander, Kerbel oder Borretsch (siehe Seite 134, 136) bestreuen.

Für heitere Urlaubsköche:

Kichererbseneintopf

Kichererbsen sehen nicht nur aus wie kleine Haselnüsse, sie schmecken auch nussig und behalten beim Kochen ihre Form. Für unterwegs empfehlen sich Kichererbsen aus der Dose, getrocknete Hülsenfrüchte müssen über Nacht eingeweicht werden.

- 2 rote Chilischoten, entkernt
- 2 Knoblauchzehen
- 2 Frühlingszwiebeln
- 6 getrocknete Tomaten
- 2 EL Olivenöl
- 4–5 EL Honig
- 3 Karotten
- 5 Fleischtomaten (500 g oder 1 400-g-Dose gehackte Tomaten)
- 4–5 TL gekörnte Gemüsebrühe in ½ l Wasser aufgelöst
- 4 EL Tomatenmark
- 2 Dosen Kichererbsen (je 265 g)
- 1 Becher Joghurt
- ein paar Blättchen Minze

Chili, Knoblauch und Frühlingszwiebeln klein schneiden und zusammen mit den getrockneten Tomaten im Olivenöl und Honig auf mittlerer Flamme glasieren, dann die klein gewürfelten Karotten dazugeben und anbräunen. Nun die

Tomatenwürfel beifügen und kurz mit andünsten, mit der Brühe ablöschen, Tomatenmark und Kichererbsen dazugeben und etwa 10 Minuten bei mittlerer Flamme kochen.

Zuletzt den Joghurt darunterrühren und die Suppe mit klein gezupfter Minze bestreuen, danach nicht mehr kochen lassen.

Variationen:

- Rotes Thaicurry-Pulver (siehe Schon gewusst? Seite 42), gleich zu Beginn mit in die Pfanne gegeben, verleiht dem Gericht eine runde Schärfe.
- Korianderblätter statt Minze (siehe Seite 136) verwenden.
- Speck anbraten und dazugeben.

Schon gewusst?
Scharfe Chili genießen

Chilischoten sind in Rot, Orange und Grün erhältlich. Die leuchtenden Muntermacher sind gesund, da sie viel Vitamin C und E, Niacin und Folsäure enthalten. Ihre natürliche Schärfe, für die das Alkaloid Capsaicin verantwortlich ist, kurbelt den Stoffwechsel an und macht Mahlzeiten besser verdaulich.

Generell gilt: Je kleiner die Schote, desto schärfer! Grüne, unreife Chilis sind nicht so scharf wie die reifen roten Früchte. Chilis können Sie etwas an Schärfe nehmen, indem Sie Samen und Scheidewände entfernen. Doch aufgepasst: Das Capsaicin kann Reizungen verursachen. Vermeiden Sie daher unbedingt den Kontakt mit Augen und Schleimhäuten, und waschen Sie nach dem Verarbeiten von Chilis die Hände besonders gründlich!

Blitz-Tomatensuppe mit Mascarpone und Basilikum

Diese Tomatensuppe ist blitzschnell fertig. Sie schmeckt auch mit ein paar Löffeln gekochtem Reis oder mit einer Handvoll Suppennudeln als Einlage.

1 Zwiebel, klein geschnitten
1 EL Butter
1 EL Mehl
1 Prise geriebene Muskatnuss
8–10 Strauchtomaten (800 g–1 kg), fein gehackt (oder 2 400-g-Dosen gehackte oder passierte Tomaten)
Salz, Pfeffer
2 EL Mascarpone
5–10 Basilikumblätter

Die Zwiebel im Topf in der Butter glasig dünsten, das Mehl einrühren und etwas Muskatnuss dazureiben, dann die klein geschnittenen oder passierten Tomaten dazugeben, salzen, pfeffern und 5 Minuten auf mittlerer Flamme kochen.

Getrocknete Tomaten, klein geschnitten und mit feinem Ölivenöl vermischt, ergeben einen aromatischen Pesto (siehe Seite 38).

Kurz vor dem Servieren den Mascarpone und die fein geschnittenen Basilikumblätter darunterrühren.

Tipps und Variationen:

- Gehäutete frische Tomaten verwenden (siehe rechts Schon gewusst?).
- Etwas Tabascosauce oder eine getrocknete Chili, die nach dem Kochen wieder entfernt wird, verleihen dem Gericht Schärfe.
- Croûtons: Einige kleine, in Butter geschwenkte Weißbrotwürfel – sie sollten außen knusprig, innen weich sein – über das Gericht streuen.
- Zitronenschale: Die fein geriebene Schale von ¼ Zitrone verleiht dem Gericht ein erfrischendes Aroma.
- Parmesan nach Belieben bei Tisch über die Suppe reiben – schmeckt immer gut.

Tomaten häuten: Diese über Kreuz einritzen und kurz in kochendes Wasser geben, dann die Haut abziehen. Zum Passieren größerer Mengen empfiehlt sich ein Passiergerät namens »Flotte Lotte«.

Schon gewusst? Tomaten einfach häuten

Die Haut der Tomaten einmal über Kreuz einritzen und die Früchte etwa 20 Sekunden in kochendes Wasser geben, dann herausheben und mit kaltem Wasser abschrecken. Nun lässt sich die Haut leicht abziehen. Für größere Mengen empfiehlt sich die »Flotte Lotte« (Passiergerät).

Wem das zu viel Arbeit ist, verwendet die Tomaten einfach mit der Schale und tröstet sich mit dem Gedanken, dass in der Tomatenhaut in hoher Konzentration der gesunde, rote Farbstoff Lycopin sitzt, ein Schutzstoff gegen freie Radikale.

Für wilde Wiesenköche:

Brennnessel-Kartoffel-Suppe

Die Kartoffeln machen diese gesunde und köstliche Suppe sämig, die würzige Brennnessel (siehe Seite 128) steuert wertvolle Mineralien bei.

1 EL Butter
1 Zwiebel, klein geschnitten
8–10 eher fest kochende Kartoffeln (ca. 600 g), gewürfelt
5 Handvoll junge Brennnesselblätter, fein geschnitten
¾ l Brühe
1 Prise geriebene Muskatnuss
Salz, Pfeffer
2–4 EL Sauerrahm oder Frischkäse oder Crème fraîche
1 Handvoll geriebener Bergkäse

Die Butter im Topf schmelzen, die Zwiebel darin glasig dünsten, dann die Kartoffelwürfel dazugeben und bei mittlerer Hitze unter Umrühren kurz andünsten. Die Brennnesseln beifügen, andünsten, mit der Brühe aufgießen, mit Muskatnuss, Salz und Pfeffer abschmecken und 15 Minuten sanft kochen. Zuletzt den Sauerrahm und den Käse darunterrühren.

Variationen:

- Anstelle von oder zusammen mit den Brennnesseln passen auch Bärlauch, Spinat, Kresse, Borretsch oder Petersilie (siehe Seite 128, 134).
- Blüten, etwa von Borretsch, Kapuzinerkresse oder Akelei, schmecken nicht nur, sondern sind auch optisch ein Genuss (siehe Seite 134, 136).

Eine Kartoffelsuppe mit Nordseekrabben wärmt nach einem herbstlichen Spaziergang. Füllt man die Suppe in ein ausgehöhltes Brot, erspart man sich einen Teller. Doch aufgepasst: Dann ist schnelles Löffeln angesagt …

Diese Holunderbeerensuppe ist im Nu zubereitet, sie schmeckt und ist dazu gesund.

Für starke Herbsttage:

Holunderbeerensuppe

Holunderbeeren nie roh essen, sondern immer nur gekocht (siehe Seite 120).

4 Handvoll reife, schwarze Holunderbeeren
2 Handvoll Apfelscheiben
2 EL Butter
2 EL Zucker
etwas Zitronensaft

Die Beeren mit den Fingern oder mit einer Gabel von den Dolden streifen, waschen. Zusammen mit den Apfelscheiben in der Butter andünsten, den Zucker darüberstreuen und karamellisieren lassen. Bei Bedarf etwas Wasser hinzufügen und auf kleiner Flamme köcheln lassen. Die Suppe mit Zitronensaft abschmecken, heiß oder kalt servieren.

Variationen:

- Zimt hinzugeben.
- Die Suppe mit Kirschen (samt Steinen, dann Apfel weglassen) oder Hagebutten (entkernt, mit ¼ l Weißwein und bis zu ½ l Wasser, ohne Apfel und ohne Zitrone, dafür mit Schlagrahm und gerösteten Mandeln) zubereiten (siehe Foto Seite 123).

Griechischer Klassiker:
Salat mit Feta

2–3 Tomaten
1–2 rote oder gelbe Paprikaschoten
1 Salatgurke
1 Bund Frühlingszwiebeln oder 1 große Zwiebel
½–1 Packung Feta (ca. 150–200 g)
2–3 EL entkernte Oliven

Salatsauce:
2 EL Zitronensaft oder Weißweinessig
4 EL Öl
1 Prise Zucker
Salz, Pfeffer
je 1 EL fein geschnittene Petersilie
und Basilikum

Das Gemüse klein schneiden, den Feta würfeln und alles mit den Oliven mischen. Die Salatsauce anrühren und den Salat damit vermengen.

Variation:
Altbackenes Weißbrot in kleine Würfel brechen oder schneiden, in einer Pfanne in etwas Butter knusprig rösten und unter den Salat heben.

Grüße aus Sizilien:
Orangensalat mit Fenchel

1–2 Fenchelknollen
1–2 EL Öl, 3 Orangen
1 Zitrone
1 EL schwarze Oliven

Marinade:
2 EL Öl
2 EL Weißweinessig
Salz, Pfeffer
1 Prise Zucker

Den Fenchel in feine Streifen schneiden, etwas Fenchelgrün beiseite legen. In einer Pfanne etwas Öl erhitzen und die Fenchelstreifen darin kurz anbraten.

Eine Orange und die Zitrone auspressen (siehe Seite 110). Den Saft zum Fenchel geben und diesen gar dünsten, mit Salz und Pfeffer würzen, aus der Pfanne nehmen und abkühlen lassen.

Die restlichen beiden Orangen schälen, die Filets sauber herausschneiden und mit dem Fenchel und den Oliven auf Tellern anrichten. Die Zutaten zur Marinade mischen und darüberträufeln. Mit gezupftem Fenchelgrün bestreuen.

Besser in der Küche als im Bad:

Lavendel-Ziegenkäse-Salat

Der feine Ziegenkäse harmoniert besonders gut mit dem Aroma der blauen Lavendelblüten, die zugleich ein Augenschmaus sind. Lavendel hat einen festen Platz in der südfranzösischen Küche und gibt hier Gerichten mit Lamm- und Ziegenfleisch sowie deren Milchprodukten ebenso wie feinen Desserts ein unverwechselbares Aroma. Dabei heißt die Devise: Sparsam verwenden, sonst schmeckt es seifig!

4 Handvoll Feldsalat
½ Bund Rucola
1 TL Honig
1 etwa 20 cm lange Ziegenkäserolle
1 TL frische oder getrocknete Lavendelblüten (siehe Seite 130)

Salatsauce:
Saft von ½ Zitrone
2 EL Olivenöl
Pfeffer, Salz
etwas Zucker

Den Salat auf Tellern anrichten. Die Saucenzutaten mit dem Schäumer oder einer Gabel aufschlagen und über den Salat gießen.

In der Pfanne den Honig zerlassen, dann den daumendick geschnittenen Ziegenkäse darin auf mittlerer Flamme kurz erwärmen, mit den Lavendelblüten bestreuen, die Ziegenkäsescheiben gelegentlich wenden und warten, bis der Honig zu karamellisieren beginnt. Den Ziegenkäse sofort auf dem Salat anrichten. Sie können das Ganze auch in Alufolie packen und kurz auf den Grillrost legen.

Variationen:

- Wildkräuter (siehe Seite 129ff.) wie klein geschnittene Brunnenkresse, Löwenzahn-, Spitzwegerich- oder Brennnesselblätter nach Belieben unter den Feldsalat mischen – sie passen gut zum würzigen Ziegenkäse.
- Früchte wie geviertelte Feigen, fächerförmig drapierte Mango- oder Melonenschnitze sehen hübsch dazu aus.
- Nüsse wie zerkleinerte Haselnüsse, Walnüsse oder Pinienkerne in der Pfanne mitkaramellisieren.

Von der wilden Wiese:

Kräuter-Blüten-Salat

Im Frühjahr kann man nach Herzenslust die folgenden Wildkräuter und deren Blüten (siehe Seite 127ff.) naschen. Dieser Salat reinigt das Blut und bringt es zum Fließen. Im Sommer schmecken auch die Blüten von Dost, Borretsch, Lavendel und Rosen.

Einige zarte, junge Blätter von Brennnessel (junge Blätter brennen nicht), Spitzwegerich, Löwenzahn, Bärlauch und Sauerampfer (siehe Seite 128), Blüten von Gänseblümchen, Veilchen, Huflattich, Rotklee, Schlüsselblume und Seifenkraut, Feldsalat nach Belieben

Salatsauce:
Je 1 TL Meerrettich
Senf und Distelöl (enthält Vitamin E)
Zucker und Kräuteressig

Die Kräuter und den Salat gründlich waschen. Die Salatsauce anrühren oder mit dem Schäumer aufschlagen und über den Salat verteilen.

Aufgepasst:

Sauerampferblätter schmecken milder, wenn man sie in Streifen schneidet, salzt, kurz ziehen lässt und dann mit Rahm mischt.

Eine Blütenvinaigrette ist Augen- und Gaumenschmaus zugleich.

Augen- und Gaumenschmaus auch unter einfachen Bedingungen: mit Lavendelblüten verfeinerter Ziegenkäse, auf Salat angerichtet.

Schon gewusst?
Feine Blüten für Gourmets

Sie sind Augenschmaus und Gaumenkitzel zugleich: Essbare Blüten zergehen hauchzart auf der Zunge. Ob von Lavendel, Rosen oder Malven – in der Natur und in Gärten gibt es vielerlei Blüten, die kulinarisch zu entdecken sich lohnt (siehe Seite 127).

Starke Knolle:

Kartoffelsalat mit Kresse

1 kg speckige, festkochende Kartoffeln
⅛ l Gemüsebrühe
2 Zwiebeln, klein geschnitten
1 gehäufter EL Estragonsenf oder anderer Senf
Salz, Pfeffer
6 EL Olivenöl
2 Tassen Kresse

Den Topf etwa zu einem Drittel mit Wasser füllen, die Kartoffeln darin rund 30 Minuten kochen, dann noch warm schälen und in etwa ½ cm dicke Scheiben schneiden.

Die Brühe aufkochen, die Zwiebeln dazugeben und mit Senf, Salz und Pfeffer abschmecken. Zuletzt das Öl darunterrühren, die Sauce über die Kartoffelscheiben gießen und diese kurz ziehen lassen. Alles durchmischen, nachwürzen und zum Schluss mit der Kresse bestreuen.

Variationen:

- Brunnenkresse (siehe Seite 128) schmeckt noch würziger als Kresse. Zuvor grobe Stiele entfernen.
- Kapern (½ Handvoll) schmecken lecker dazu.
- Weinessig (3 EL) statt Estragonsenf passt ebenfalls gut.
- Geriebener Meerrettich gibt dem Salat zusätzlich Schärfe – er passt dann speziell zu geräucherter Forelle.
- Klein geschnittene Radieschen sind eine mildere Alternative zum Meerrettich.

Lecker zu gebratenem oder gegrilltem Fleisch ebenso wie zu Flussfischen wie Forelle oder Renke.

Schon gewusst?
Meerrettich – tränentreibende Wurzel

Zwar schafft er es immer wieder, uns Tränen in die Augen zu treiben, doch genau darum liebt man ihn auch. Die Rede ist vom Meerrettich. Seine scharfen Senföle kurbeln den Stoffwechsel an und helfen schädliche Keime im Körper abzutöten. Außerdem steckt die im Herbst erntereife Wurzel voller Mineralstoffe und Vitamin C. Frisch geriebener Meerrettich verfeinert vor allem in skandinavischen Ländern warme Saucen und Salatdressings und wird zusammen mit etwas Zitronensaft und Rahm unter Frischkäse, Sauerrahm oder Mascarpone gemischt. Besonders lecker schmeckt er zu Fisch, wie Lachs, Räucherforelle und Makrele, oder zu Fleischgerichten wie kaltem Braten, Tafelspitz oder Roastbeef. Auch Kartoffelsalat, roter Bete und Wirsing verleiht die frisch geriebene Wurzel ein besonderes Aroma.

Champignonsalat mit Nüssen

1 Handvoll Champignons (100–200 g)
1 grüner Salat mit einer Handvoll Rucola oder Wildkräutern (z.B. Brunnenkresse, Löwenzahn; siehe Seite 128)
1 Birne
2 EL gehackte Pinienkerne
Walnüsse oder Mandeln, Öl

Marinade:
4 EL Öl
Saft von 1 Zitrone
eventuell 2 EL Weißweinessig
2 EL geschnittener Kerbel (oder Zitronenbasilikum, Petersilie)
Salz, Pfeffer
1 Prise Zucker

Die Pilze putzen, in Scheiben schneiden und in einer Pfanne in etwas Öl bräunen, dann auf einen Teller geben, abkühlen lassen und mit der angerührten Marinade beträufeln.

Die Salatblätter und die in Scheiben geschnittene Birne auf Tellern anrichten und mit den marinierten Pilzen belegen. Zuletzt die Nüsse darüberstreuen.

Variation:

Statt der Birne 1–2 Hühner- oder Putenbrüste in 1 cm breite Streifen schneiden, in Öl braten, salzen, pfeffern und unter den Salat heben.

Spaniensouvenir:
Heiße Garnelen in Knoblauchöl

4 Handvoll rohe Garnelen (Crevetten) oder Scampi (600–800 g)
¾ Tasse Olivenöl (120 ml)
3 ganze Knoblauchzehen
Saft von 2 Zitronen
Salz, Pfeffer
2 EL klein geschnittene Petersilie
3–4 Handvoll Feldsalat oder Brunnenkresse (siehe Seite 128)

Die Garnelen aus den Schalen lösen und den Darm entfernen (dazu dem Rücken entlang einschneiden und den dunklen Darmfaden herauslösen).

Das Öl auf mittlerer Flamme erhitzen, die Knoblauchzehen dazugeben und 2–3 Minuten dünsten, dann die Garnelen beigeben und etwa 3 Minuten bei hoher Temperatur unter häufigem Wenden braten. Den Zitronensaft dazugießen, salzen, pfeffern und noch etwa 1 Minute kochen lassen, bis die Flüssigkeit etwas reduziert ist. Die Garnelen auf Tellern auf dem Feldsalat anrichten.

Lecker dazu: Weißbrot

Variation:

Shrimps oder Krabben, wie oben beschrieben, kurz anbraten und unter fertig gekochten Basmatireis mischen, dann salzen und pfeffern.

Kombüsenglück:
Dorade nach kroatischer Art

4 mittelgroße Fische (Dorade, Rotbarsch, Steinbrasse, Goldbrasse)
Öl zum Braten
Salz, Pfeffer
Saft von 1 Zitrone

Würzmischung:
3–4 EL Öl
3–4 EL gehackte Petersilie
4 fein geschnittene Knoblauchzehen

Die Zutaten zur Marinade verrühren und etwas ziehen lassen. Die Fische waschen, trockentupfen, am Bauch einschneiden und mit ⅔ der Würzmischung füllen.

In einer Pfanne Öl erhitzen und die Fische beidseitig braten, bis sie gar sind, salzen, pfeffern und mit dem restlichen Würzöl bestreichen. Vor dem Servieren mit Zitronensaft beträufeln.

Lecker dazu: Weißbrot, Salzkartoffeln, grüner Salat

Tipp:

Frische Fische erkennt man an ihren leuchtend roten Kiemen, den klaren Augen und dem straffen Fleisch. Bei der Daumenprobe sollte der Abdruck nach kurzer Zeit wieder verschwinden. Gefrorene Fische oder Meeresfrüchte 1 Stunde in Meerwasser oder Salzwasser auftauen lassen!

Australian style:
Lachs in Orangensauce

2 Orangen (1 unbehandelt)
1 Schalotte, klein geschnitten
1 EL Butter
Saft von 1 Zitrone oder ½ Tasse Weißwein
4 Lachs- oder Lachsforellenfilets
Salz, Pfeffer

Von der unbehandelten Orange etwas Schale abreiben, die Orangen auspressen und mit der abgeriebenen Schale vermischen.

Die Schalotte in einer Pfanne in der Butter glasig dünsten. Den Orangen- und Zitronensaft (oder Weißwein) hinzufügen und kräftig aufkochen. Die Fischfilets hineinlegen und (bei dickeren Filets zugedeckt) gar ziehen lassen, dabei einmal wenden, salzen und pfeffern.

Lecker dazu: Reis, Salzkartoffeln, gebratener Radicchio oder Fenchel, glasierte Karotten

Variation:

Zur Regenbogenforelle, die ursprünglich aus Kalifornien stammt, schmecken auch lecker mediterrane Gewürze wie Thymian, Rosmarin und Knoblauch.

Aus den Tiefen des Meeres:
Rotbarsch mit Meerrettichsauce

4 Portionen Fischfilets (ca. 600–800 g, z. B. Rotbarsch, Scholle, Seehecht, Seezunge, Seelachs)
Saft von 1 Zitrone
Salz, Pfeffer
etwas Butter
⅓ Tasse Milch (60 ml)
⅓ Tasse Rahm (60 ml)
1 TL Dijonsenf
1 TL frisch geriebener Meerrettich
nach Belieben 1 Msp. Safran

Die Fischfilets waschen, trockentupfen, mit 2 EL Zitronensaft beträufeln, salzen und pfeffern. In der Pfanne die Butter schmelzen und die Fischfilets auf beiden Seiten leicht anbraten.

Inzwischen Milch und Rahm mit Senf und/oder Meerrettich mischen. Falls verfügbar, Safran dazugeben, um die Sauce hübsch gelb zu färben. Die Saucenmischung in die Pfanne gießen und die Filets darin gar ziehen lassen, salzen, pfeffern und eventuell noch mit etwas Zitronensaft abschmecken.

Lecker dazu: Salzkartoffeln, Reis, gedünsteter Staudensellerie/Fenchel, glasierte Karotten

Tipp:

Besonders zarten Weißfisch (wie z.B. Scholle) nur pochieren, das heißt, ohne zu wenden, bei geschlossenem Deckel wenige Minuten gar ziehen lassen.

Schon gewusst?
Frisches Kräutersträußchen selbst binden

Ein Kräutersträußchen (Bouquet garni) aus einigen Petersilienstengeln, Thymianzweigen und Lorbeerblättern (siehe Seite 130) mit einem Nylonfaden zusammenbinden und zum Kochen einer Brühe oder zum Aromatisieren weißer Fischsaucen verwenden.

Die Zeltabspannleine ist ideal, um daran Kräuterbüschel aufzuhängen und diese im luftigen Schatten zu trocknen.

Venusmuscheln schmecken nussig und fein nach Meer.

Miesmuscheln auf französische Art

Muscheln, etwa Miesmuscheln, die Sie selbst gesammelt haben, müssen Sie vor der Verwendung in einem großen Topf oder Eimer einige Stunden wässern, das Wasser dabei immer wieder erneuern; vom Händler gekaufte brauchen nur gewaschen und geputzt zu werden. Die weitere Zubereitung geht ganz fix.

1,5 kg Miesmuscheln
2 Schalotten oder kleine Zwiebeln, klein geschnitten
2 Knoblauchzehen, in Scheiben geschnitten
1 frische oder getrocknete rote Chili, entkernt und fein gehackt
2–3 EL Butter
1 Bund Suppengrün (2 Karotten, 1 Scheibe Sellerie, 1 Stange Lauch)
¼ l trockener Weißwein
1 Lorbeerblatt
Salz, Pfeffer
½ Bund Petersilie, fein geschnitten

Die Muscheln gründlich bürsten, die Bartbüschel entfernen und die Muscheln so lange abspülen, bis das Wasser vollkommen klar abläuft. Muscheln, die sich beim Wässern und anschließenden Bürsten öffnen, wegwerfen; sie sind ungenießbar. Nur geschlossene Muscheln verwenden.

Die Schalotten oder Zwiebeln, dann Knoblauch und Chili in der Butter glasig dünsten. Das fein geschnittene Suppengrün hinzugeben, mit dem Weißwein ablöschen und das Lorbeerblatt beifügen. Das Gemüse bissfest garen, dann salzen und pfeffern.

Die Muscheln in den Sud geben und zugedeckt 8–10 Minuten bei milder Hitze kochen lassen, dabei gelegentlich umrühren, bis sich die Muscheln öffnen. Gegen Ende der Kochzeit die fein geschnittene Petersilie daruntermischen. Muscheln, die sich nicht geöffnet haben, sind ungenießbar!

Lecker dazu: Weißbrot

Variation:

Spaghetti alle vongole – Spaghetti mit Venusmuscheln: Die kleinen Venusmuscheln finden sich reichlich an den Stränden der Adria. Die Muscheln niemals roh verzehren! Der Vongole-Sugo wird wie der mit Miesmuscheln zubereitet.

Fleisch

Saltimbocca alla romana:
Kalbsschnitzel mit Salbei

500–600 g sehr dünn geschnittene Kalbsschnitzel oder Hähnchenbrust
4–8 Scheiben Rohschinken (z. B. Parma- oder Serranoschinken)
8–12 Salbeiblätter
5 EL Butter und/oder Öl
Salz, Pfeffer
1 Tasse Weißwein oder Gemüsebrühe,
eventuell 1–2 EL Crème fraîche
eventuell 1–2 EL Zitronensaft

Jedes Fleischstück mit einer Scheibe Rohschinken und einigen Salbeiblättchen belegen und diese mit Zahnstochern befestigen. In einer Pfanne 2–3 EL Butter (oder Öl) erhitzen, das Fleisch darin zuerst auf der unbelegten Seite anbraten, dann wenden und fertigbraten, leicht salzen und pfeffern. Das Fleisch herausnehmen und zugedeckt warm stellen.

Weißwein oder Gemüsebrühe zum Bratensatz in die Pfanne geben, kräftig aufkochen und 1–2 EL Butter oder Crème fraîche darunterrühren, mit Salz, Pfeffer und nach Belieben etwas Zitronensaft abschmecken.

Die Schnitzel in die Sauce geben, nochmals kurz aufkochen und sofort servieren.

Lecker dazu: Weißbrot, gedünsteter Mangold

Variation:

Ohne Rohschinken: Das Fleisch in kleine Stücke schneiden, in heißem Öl anbraten, die Salbeiblätter dazugeben, mit dem Saft von 1 Zitrone ablöschen und fertiggaren, salzen und pfeffern.

Gaumenfreuden auf der grünen Wiese: Kalbsschnitzel aus der Pfanne und Taboulé in der Schüssel (siehe Seite 57)

Fleischeslust:

Lamm mit Thymian in Rotweinmarinade

8 Stücke Lammfilet oder 8 Lammkoteletts
6 EL Olivenöl
2–3 Knoblauchzehen, fein geschnitten
5 Zweige (Zitronen-)Thymian oder Rosmarin
1 Glas Rotwein
Salz, Pfeffer

Die Lammfilets waschen und gut mit Küchenpapier abtupfen. 4 EL Olivenöl mit dem Knoblauch, den fein gezupften Thymianblättchen (siehe Seite 134) und dem Rotwein zu einer Marinade mischen. Das Fleisch darin einlegen und zugedeckt etwa 30 Minuten unter gelegentlichem Wenden marinieren.

Die restlichen 2 EL Öl in der Pfanne auf mittlerer Hitze erwärmen. Das Fleisch aus der Marinade nehmen und im heißen Öl rasch von beiden Seiten anbraten, dann die Hitze reduzieren und das Fleisch weitere 2 Minuten (rosa) bis 5 Minuten (durch) braten. Aus der Pfanne nehmen, 1 Minute ruhen lassen, dann salzen, pfeffern.

Lecker dazu: Spaghetti mit Bärlauchpaste (siehe Seite 35)

Tipps:

Zum Marinieren das Fleisch mitsamt der Marinade in einen Kunststoffbeutel füllen, die Luft herausdrücken, den Beutel gut verknoten und das Fleisch am Schatten durchziehen lassen.

Knoblauchliebhaber reiben das Fleisch nach dem Braten mit einer halbierten Knoblauchzehe ein.

In der übrig gebliebenen Marinade kann man Ratatouillegemüse bissfest garen und dazu servieren.

Variationen:

- Aromatische Öle: Ein Schuss Steinpilz-Madeira-Öl oder Thymianöl mit Zitrone und Chili (siehe Seite 100) über das Fleisch geträufelt, macht dieses Gericht zu einem Schlemmertraum!
- Statt Thymian Lavendelblüten verwenden.
- Aus der Glut: Sehr gut schmeckt das Lamm auch vom Grill oder im Salzteigmantel in der Glut oder im Erdofen zubereitet (siehe Seite 93).

In Rotwein mariniertes Thymianlamm schmeckt aus der Eisenpfanne über offenem Feuer besonders lecker.

Für alle Urlaubstage:

1001 Hackfleischbällchen

2 Eier
½ Tasse (90–100 ml) Milch
Salz, Pfeffer
1 Prise Muskatnuss
2 EL fein geschnittener Majoran
4 Scheiben Toastbrot oder ¼ Baguettebrot oder 1½ Brötchen oder 2 Hamburgerbrötchen, zerkleinert
2 Schalotten oder 1 Zwiebel, fein geschnitten
2 Knoblauchzehen oder 2–3 EL fein geschnittener Bärlauch
1–2 EL Butter
500 g gemischtes Hackfleisch (Schwein, Rind)
2 TL scharfer Senf
1 Msp. Paprikapulver
abgeriebene Schale von 1 unbehandelten Zitrone
2–3 EL Öl

Die Eier mit Milch, Salz, Pfeffer, Muskatnuss und Majoran verquirlen, über die zerkleinerten Brote schütten, kurz einweichen lassen, dann kräftig mit den Händen (oder einem großen Löffel) vermengen.

Inzwischen in einem kleinen Topf Schalotten oder Zwiebel und Knoblauch in etwas Butter glasig dünsten, würzen, etwas abkühlen lassen, dann mit der Brotmischung, dem Hackfleisch, Senf, Paprika, falls verwendet, dem Bärlauch und der abgeriebenen Zitronenschale vermischen. Das Hackfleisch zu Bällchen oder kleinen Fladen formen und diese im heißen Öl von beiden Seiten braun braten.

Variationen:

- Gewürze: Statt dem Paprika eine türkische oder griechische Gewürzmischung verwenden, 1 entkernte und klein geschnittene frische Chili hineinschneiden oder roten Thaicurry (siehe Schon gewusst? Seite 42) nehmen.
- Pinienkerne: 1 Handvoll grob gehackte Pinienkerne anrösten und zum Fleisch geben.
- Schafskäse: ½–1 Packung Schafskäse (ca. 100–200 g) in den Fleischteig bröseln.
- Hamburger: Zusätzlich 8–12 Hamburgerbrötchen, 2 Tomaten, in Scheiben geschnitten, einige Salatblätter, nach Belieben Zwiebelringe, Ketchup und Mayonnaise. Hamburger formen und in der Pfanne oder auf dem Grill braten bzw. grillen. Die Brötchen nach Belieben zuerst auf dem Grill oder in einer Pfanne knusprig rösten, die Hälften mit Ketchup oder Mayonnaise bestreichen, jeweils mit einem Salatblatt und 1 Scheibe Tomate belegen, einen Hamburger, eventuell mit Zwiebelringen garniert, daraufgeben und mit der zweiten Brötchenhälfte bedecken.
- Smøre Burger: Runde Kräcker wie Hamburger belegen – die Alternative für Gesundheitsbewusste!

Aufgepasst:

Halten Sie die Pfeffer-, Salz- oder Gewürzmühle nie in den Dampf, um Speisen beim Braten und Garen zu würzen – das Mahlgut weicht sonst auf und das Mahlwerk verklebt! Besser Topf oder Pfanne von der Kochstelle ziehen und erst dann würzen.

Smøre-Burger: Saftige Hackfleischbällchen mit Ketchup zwischen knackigen Kräckern. Für Kinderhände empfiehlt sich eher die Sandwichvariante.

Scharfes Huhn mit Ingwer

4 Hähnchenbrüste (ca. 500 g)
2 EL Sesamöl oder anderes Pflanzenöl
2 rote Chili, entkernt, fein geschnitten
2–3 Knoblauchzehen, fein geschnitten
1 Stück Ingwer (4 cm, daumendick), geschält, fein geschnitten
Saft von 2 Zitronen
2 Handvoll Glasnudeln (125 g)
1 Bund frische Minze, klein gezupft
Pfeffer, Salz

Das Fleisch gegen die Faser in etwa ½ cm dicke Streifen schneiden. Das Sesamöl in der Pfanne erhitzen und das Fleisch darin bei mittlerer Hitze 2–3 Minuten anbraten. Chili, Knoblauch und Ingwer dazugeben und nochmals 2 Minuten braten, dann zudecken und weitere 2–3 Minuten durchziehen lassen, schließlich 2 EL Zitronensaft dazugeben.

Inzwischen 2 Liter Wasser zum Kochen bringen und die Glasnudeln darin bissfest kochen (2–3 Minuten), in ein Sieb abschütten, mit kaltem Wasser überbrausen und abtropfen lassen. Die Nudeln mit dem Messer im Sieb grob zerkleinern, zum Fleisch in die Pfanne geben und gut vermengen. Den restlichen Zitronensaft dazuträufeln, salzen, pfeffern und nochmals kurz erhitzen. Mit Minze bestreut servieren.

Schon gewusst?
Ingwer – prall und saftig

Ingwer bleibt schön prall und saftig, wenn Sie ihn in ein angefeuchtetes Küchenpapier gewickelt in einem Folienbeutel aufbewahren. Den Beutel aber nicht fest verschließen, sonst schimmelt die Knolle leicht.

Spaghetti mit den Früchten des Meeres

350–500 g Spaghetti
6 EL Öl
3–4 Handvoll gekochte, geschälte Meeresfrüchte (300–400 g)
2 Knoblauchzehen, in Scheiben geschnitten
8–10 Cocktailtomaten, geviertelt
2 EL geschnittene Petersilie
Salz, Pfeffer
1 Handvoll geriebener Parmesan

Die Nudeln in Salzwasser gar kochen. Inzwischen in einer Pfanne Öl erhitzen und die Meeresfrüchte zusammen mit dem Knoblauch darin kurz auf hoher Flamme anbraten. Danach die Tomaten dazugeben und kurz dünsten und zuletzt die Petersilie und die Nudeln darunterheben. Kurz durchziehen lassen, salzen, pfeffern und mit Parmesan bestreut servieren.

Für eifrige Sammler:

Spaghetti mit frischen Kräutern

Pasta, eine Handvoll frisch gezupfte Kräuter (siehe Seite 128ff.) und Olivenöl – im Handumdrehen steht etwas Köstliches auf dem Tisch!

500 g Spaghetti
2 Knoblauchzehen (nur, falls kein Bärlauch verwendet), klein geschnitten
5 EL (nach Belieben aromatisiertes) Olivenöl
1 Handvoll Basilikum-, Rucola-, Bärlauchblätter, grob zerkleinert
Salz, Pfeffer
4 EL geriebener Parmesan

Die Spaghetti in reichlich Salzwasser kochen, abschütten und abtropfen lassen.

Inzwischen den Knoblauch in 2 EL Olivenöl glasig dünsten, dann die Kräuter dazugeben und das Ganze unter die abgetropften Spaghetti ziehen. Das restliche Öl darüberträufeln, salzen, pfeffern und mit Parmesan bestreuen.

Variation:

½–1 Handvoll zerkleinerte Nüsse (Pinienkerne, Mandeln, Walnüsse, Haselnüsse oder Sonnenblumenkerne) kurz mit anbraten.

Fangfrische Früchte des Meeres schmecken am Strand oder an Bord eines Schiffes noch mal so gut.

Schneller geht´s nicht:
Capellini mit aromatisiertem Öl

Was wäre eine Urlaubsküche ohne Spaghetti im Gepäck! Noch feiner sind Capellini, Capelvenere und Capelli d´angelo (Engelshaarnudeln), die nur 2–3 Minuten Garzeit benötigen. Einfach die Nudeln kochen, mit aromatischen Ölen nach Belieben beträufeln und ein paar Parmesanspäne darüberhobeln. Schneller geht´s wirklich nicht!

Nobel speisen im Handumdrehen:
Steinpilz-Bärlauch-Orecchiette

Ernten Sie Bärlauch bereits wenige Tage nach dem Austrieb, dann ist er besonders sauber, zart und lecker. Übrigens ist das populäre Kraut in allen Rezepten anstelle von Knoblauch verwendbar. Wenn er zu lange gart, verliert er allerdings viel Aroma; daher möglichst erst am Ende der Kochzeit beigeben. Lecker sind auch die Bärlauchblüten und -früchte (siehe auch Seite 128).

500 g Teigwaren (Orecchiette)
3–4 Handvoll frische oder 2 Handvoll (ca. 40 g) getrocknete Steinpilze
4 EL Olivenöl
2 Handvoll Bärlauchblätter (40 g), grob zerkleinert
Salz, Pfeffer
2–4 EL Olio picante, Steinpilz-, Walnuss- oder Oreganoöl (Seite 100/101)
nach Belieben geriebener Parmesan

Die Teigwaren in reichlich Salzwasser kochen, abschütten und abtropfen lassen.

Getrocknete Steinpilze 10 Minuten einweichen, dann ausdrücken und grob zerschneiden. Die Pilze im Olivenöl kurz anbraten, dann die Bärlauchblätter dazugeben, kurz dünsten und schließlich alles mit den gekochten Teigwaren vermengen, salzen, pfeffern und zum Schluss mit dem Olio picante, Steinpilz- oder Walnussöl beträufeln (siehe Seite 100) und nach Belieben mit geriebenem Parmesan bestreuen.

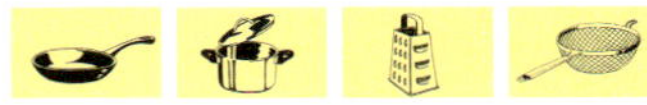

Auf Reisen unersetzlich:
Pestos in Grün, Rot und Schwarz

Frische Kräuter, Oliven und getrocknete Tomaten, grob oder fein zerkleinert oder zerrieben und in Öl konserviert, sind eine gute Grundlage für vielerlei Blitzrezepte.

Grüner Pesto

1 Bund Basilikum
Rucola
Petersilie oder 2–3 Handvoll Bärlauchblätter
1–2 Knoblauchzehen
4 EL Pinienkerne
4 gehäufte EL Parmesan, ca. 9 EL Olivenöl
Salz, Pfeffer

Kräuter, Knoblauch und Pinienkerne mit einem großen Messer klein schneiden bzw. im Mörser oder auf einem

Frühlingsgenuss Bärlauchpesto. Bärlauch bildet im Laubmischwald oft einen dichten Blätter- und Blütenteppich (siehe auch Seite 128).

Zutaten für leckere Pestos in Schwarz, Rot und Grün.

sauberen Stein zerreiben (siehe Seite 110). Den Parmesan und so viel Olivenöl daruntermischen, bis die gewünschte Konsistenz erreicht ist, mit Salz und Pfeffer abschmecken. Den Pesto in ein Glas füllen und gut mit Öl bedecken.

Tipp:

Eine leckere, gut haltbare Basis zu Pasta, Saucen und Kartoffeln. Ungekühlt muss Pesto innerhalb weniger Tage verbraucht werden.

Variationen:

- Den Pesto aus Wildkräutern wie Brennnessel (siehe Seite 128) herstellen.
- Statt Olivenöl – insbesondere für den geschmacklich intensiven Bärlauchpesto – ein dezenteres Keimöl, Sonnenblumen- oder Distelöl verwenden. Besonders lecker ist auch das wertvolle Traubenkernöl. Dazu schmecken statt Pinienkernen zerkleinerte Walnüsse, Haselnüsse oder Mandeln sehr lecker. Den Parmesan können Sie auch weglassen oder durch geriebenen Bergkäse ersetzen.

Roter Tomaten-Pesto

Verwenden Sie dafür möglichst nur sonnenverwöhnte getrocknete Tomaten wie die aus dem süditalienischen Gargano. Dort bieten Gemüsehändler die dünnhäutigen, getrockneten Eiertomaten pfundweise an: Sie sind zuckersüß und schmecken frisch wie getrocknet lecker zum Picknick unterwegs.

2 Handvoll getrocknete Tomaten (100 g)
1 Handvoll schwarze Oliven (ca. 50 g)
1 Handvoll Pecorino oder Parmesan (30–40 g)
¼ Bund Thymian
1 Knoblauchzehe
2 EL Pinienkerne
1 kleine, frische, entkernte Chili
⅓ Tasse Olivenöl (60 ml)
Salz, Pfeffer

Alle Zutaten zerkleinern, mischen, in ein Glas mit Schraubverschluss füllen und mit Öl aufgießen.

Olivenpesto

3–4 Handvoll entkernte schwarze Oliven
(ca. 200 g)
3 eingelegte Sardellenfilets
5 Knoblauchzehen
1 kleine, frische, entkernte rote Chilischote
je ca. 1 TL zerkleinerte Rosmarin-, Thymian- und Salbeiblätter
nach Belieben 1 Handvoll Parmesan
ca. ¾ Tasse Olivenöl (ca. 130 ml)
Salz, Pfeffer
1–2 TL Zitronensaft

Alle Zutaten mit einem großen Kochmesser klein schneiden, mit Salz, Pfeffer und Zitronensaft abschmecken. Den Pesto in ein Glas füllen und mit Olivenöl auffüllen.

Tipp:
Für eine besonders feine Paste können Sie die klein geschnittenen Zutaten mit dem Löffelrücken zerdrücken oder noch besser mit einem sauberen Stein zerreiben (siehe Seite 110).

Schon gewusst?
Bunte Nudeln
Zu hellen Käsesaucen sehen bunte Nudeln nicht nur hübsch aus, ihr Eigengeschmack kommt dann auch besonders gut zur Geltung. Die Farben sind natürlich: Das Schwarz stammt von der Tinte des Tintenfischs, das Grün von Spinat und anderen Kräuterextrakten, Karotten und Safran sorgen für orangefarbene Töne, während Rote Bete eine tiefrote Farbe ergibt.

Alles Käse:
Muskat-Gorgonzola-Sauce mit bunten Nudeln

300 g bunte Spaghetti oder Bandnudeln
1–2 Zwiebeln, fein gewürfelt
1–2 EL Butter
3 EL Mehl
½ l Milch
1 dicke Scheibe (ca. 300 g) Gorgonzola
Salz, Pfeffer
2 TL Zitronensaft
½ geriebene Muskatnuss

Die Teigwaren in reichlich Salzwasser kochen, abschütten und abtropfen lassen.
Inzwischen die Zwiebeln in etwas Butter andünsten, das Mehl dazugeben und anschwitzen. Mit der Milch ablöschen,

In südlichen Ländern sind milde schwarze Oliven ein willkommener Urlaubsgenuss, der vielerlei Speisen verfeinert.

Im Petersilienpesto darf auch der Knoblauch nicht fehlen. Besonders lecker schmeckt er zu gegrillten Steaks.

umrühren und den Gorgonzola hineinbröseln. Den Käse unter Rühren auflösen und 10 Minuten sanft kochen lassen, dann mit Salz, Pfeffer, Zitronensaft und Muskatnuss abschmecken. Die abgetropften Teigwaren in der Sauce wenden, nochmals abschmecken.

Aufgepasst:

Die Sauce immer wieder umrühren, damit sie nicht anbrennt.

Variationen:

- Den Käseanteil variieren: je nach Geschmack 200 g bis 400 g.
- Statt Milch eine Mischung aus Wasser (¼ l) und Rahm (¼ l) nehmen.
- Fein geschnittenen Basilikum und/oder die Schale von ¼ unbehandelten Zitrone oder 1 klein geschnittene Knoblauchzehe mit andünsten.
- Radicchio-Rotwein-Gorgonzolasauce: 1 klein geschnittenen Radicchio di treviso (siehe Seite 50) mit 1 gehackten Zwiebel anbraten, mit ½ Tasse Rotwein ablöschen, dann die Gorgonzolasauce wie beschrieben zubereiten.

Die Nummer 1 der Urlaubsküche:

Spaghetti bolognese mit Zitrone und Olio picante

Spaghetti bolognese weiß beinahe jeder zuzubereiten. Es ist das beliebteste Essen der unkomplizierten Urlaubsküche, auch wenn die Sauce eigentlich Zeit auf dem Herd braucht. Hier unser Favorit: ein sehr fruchtiger, geschmacklich runder Sugo, der zugleich süß, erfrischend zitronig und chilischarf schmeckt.

1 Zwiebel, gehackt
3 EL Olivenöl
500 g gemischtes Hackfleisch
2 Zweige Rosmarin
2 TL Honig
2 Knoblauchzehen, klein geschnitten
2 Zweige (Zitronen-)Thymian
2 Karotten
1 Petersilienwurzel
2 Stangen Staudensellerie
½ geriebene Muskatnuss
6 Fleischtomaten (ca. 600 g), nach Belieben mit oder ohne Haut, oder 400 ml passierte Tomaten
5 gehäufte EL Tomatenmark
500 g Spaghetti
Salz, Pfeffer
2 TL Zitronensaft
2–4 TL Zucker oder Wurzelrübensirup
2 TL Olio picante
2–3 Handvoll Parmesan

Die Zwiebel in 1 EL Olivenöl glasig dünsten, das Hackfleisch und die klein geschnittenen Rosmarinnadeln dazugeben und anbraten. Herausnehmen und auf einem Teller kurz beiseite stellen.

In den restlichen 2 EL Olivenöl den Honig erwärmen, den Knoblauch, 2 TL Thymian und das fein geraspelte Gemüse dazugeben und andünsten, die Muskatnuss dazureiben. Das Fleisch zum Gemüse geben, Tomaten, 2¼ Tassen Wasser (400 ml) und das Tomatenmark beifügen und 20 Minuten köcheln lassen.

Inzwischen die Teigwaren in reichlich Salzwasser kochen.

Die Bolognesesauce mit Salz, Pfeffer, Zitronensaft und Zucker oder Wurzelrübensirup abschmecken und ihr mit Olio picante (siehe Seite 100) eine leichte Schärfe geben. Zusammen mit dem Parmesan zu den Spaghetti servieren.

Variationen:

- Griechisch: 1 Zimtstange 20 Minuten im Sugo mitkochen.
- Duftblattgeranien: 4–6 klein geschnittene Blätter mit Zitronengeschmack beifügen (siehe Duftpelargonie, Seite 136), um das Aroma des Zitronenthymians zu vertiefen.
- Statt der Petersilienwurzel 1 Scheibe Knollensellerie verwenden.
- Leber oder Magerspeck: Knapp 1 Handvoll (50 g) fein gehackte Leber oder Magerspeck anbraten und darunterrühren.

Schon gewusst?
Tomaten einfach trocknen

Zum Trocknen legt man in Süditalien Tomatenhälften mit Salz bestreut in die Sonne und wartet, bis die roten Paradiesfrüchte getrocknet sind. Dies schafft die Sonne des Südens in wenigen Tagen. Bereits am frühen Morgen beginnen geschäftige Frauen den Sugo für den Abend zu rühren. Um die Ernte des Sommers möglichst gut zu konservieren, kocht man auch Sugo und passiert ihn mit der flotten Lotte (Passe-vite) in Einmachgläser, daneben trocknet man die begehrten Eiertomaten auf Holzbrettern. Und obwohl es dank der Europäischen Union in diesem Landstrich nun sogar Cherrytomaten aus Spanien gibt, sind die leckeren Eiertomaten zum Glück immer noch auf den Wochenmärkten zu bekommen. Aus dem Gargano stammt auch das Bruschetta-Rezept vom Holzkohlengrill (siehe Seite 71).

Kleiner Kürbis im Gepäck:

Hokkaido-Spiralen

Die tieforange leuchtenden Hokkaidokürbisse zählen zu den beliebtesten ihrer Sippe. Kein Wunder, denn sie schmecken butterzart und nussig, halten lange und das Beste: Sie können mitsamt der Schale gegessen werden. Der fein geschnittene oder geraspelte Kürbis schmeckt angebraten besonders lecker, hier zusammen mit Spiralnudeln. Ein Rezept für »scharfe Genießer«, doch auch unsere kritische Kinderjury war begeistert!

½ Hokkaidokürbis
500 g Spiralnudeln
2 EL Olivenöl
2 EL Honig
1 TL rotes Thaicurry (siehe Schon gewusst? Seite 42)
2 Knoblauchzehen, klein geschnitten
fein geschnittene Schale von ½ unbehandelten Orange
1 entkernte, fein geschnittene rote Chili
2–3 TL gekörnte Brühe, in ¾ Tasse (ca. 150 ml) Wasser aufgelöst (ersatzweise 1 zerstoßene Wacholderbeere, Piment und Muskatnuss)
2 EL Mascarpone, Sauerrahm oder Rahm
Salz, Pfeffer
1–2 TL Zitronensaft

Den Hokkaidokürbis in dünne Scheiben schneiden, raspeln oder reiben.

Die Teigwaren in reichlich Salzwasser kochen, abschütten und abtropfen lassen.

Inzwischen in einer Pfanne das Öl mit Honig, Thaicurry, Knoblauch, Orangenschale und Chili erhitzen, den Kürbis dazugeben und etwa 2 Minuten anbraten. Mit der Brühe ablöschen, den Mascarpone darunterrühren und 2–3 Minuten kochen lassen. Die Sauce mit Salz, Pfeffer und Zitronensaft abschmecken und auf die Nudeln geben.

Hokkaidokürbis einmal anders: In süß-scharfer Würze al dente gebraten und zu Nudeln serviert.

Aufgepasst:

Den Kürbis nicht musig kochen – al dente schmeckt er am besten!

Variation:

Ein paar klein gezupfte Blättchen Zitronenmelisse (siehe Seite 138) verstärken das frische Aroma.

Schon gewusst?
Roter Thaicurry zaubert feine Schärfe

Roter Thaicurry ist im Kommen und löst immer öfter das bekannte gelbe Currypulver ab. Thaicurry ist im Asienladen und inzwischen auch in vielen Supermärkten in Pulver- oder Pastenform erhältlich. Er enthält Chili, verschiedene Paprikasorten, Kumin, Kurkuma, Lemongrass, Koriander und Kardamom. Er verleiht Gerichten eine angenehme Schärfe, passt gut in Gerichte mit Chili und Zitrone und in rahmigen Saucen; in der thailändischen Küche ist er lecker in Kokosmilch gerührt und mit Zitronengras.

Leckerer Dosenfisch:

Thunfisch-Sardellen-Spaghetti

- 500 g Spaghetti
- 3 Schalotten und 3 Knoblauchzehen, gehackt
- 4 EL Olio picante
- 3 Sardellenfilets, klein geschnitten
- 2 Dosen Thunfisch (delfinfreundlich gefangen)
- 6 Fleischtomaten, klein geschnitten
- 1 EL Balsamicoessig
- Salz, Pfeffer
- 1 Handvoll frisch geriebener Parmesan

Die Spaghetti in reichlich Salzwasser gar kochen, abschütten und abtropfen lassen.

Inzwischen Schalotten und Knoblauch im Olio picante glasig braten, die Sardellenfilets und den abgetropften Thunfisch dazugeben und kurz andünsten, dann die Tomaten dazugeben, mit Balsamicoessig, Salz und Pfeffer abschmecken, auf den Spaghetti servieren und mit Parmesan bestreuen.

Kleingeschnittene Sardellenfilets geben dieser Thunfisch-Pasta den würzigen Pfiff. Hinten: Spinat-Tagliatelle mit Pinienkernen.

Unter Pinien schlemmen:
Spinat-Tagliatelle

Vielleicht hausen Sie unterwegs gelegentlich einmal unter Pinien und können die leckeren Kerne für diese Speise selbst aus ihren Schalen knacken. Vor allem Kindern macht das Samensammeln im Sommer Spaß. Und Sie setzen inzwischen schon das Nudelwasser auf und waschen den Spinat, am besten frisch vom Markt.

500 g Tagliatelle
2 EL Olivenöl
1 EL Butter
2 Knoblauchzehen, in Scheiben geschnitten
1 großer Beutel (ca. 300–400 g) frischer Spinat
½ Muskatnuss
1 Becher (ca. 200 g) Mascarpone
½ Becher (ca. 100 ml) Rahm
2–3 Handvoll geriebener Parmesan
Salz, Pfeffer
1–2 TL Zitronensaft

Die Teigwaren in reichlich Salzwasser gar kochen.

Das Olivenöl in der Pfanne erwärmen. Butter und Knoblauch hineingeben und unter Rühren sanft goldgelb braten, kurz bevor es so weit ist, die Pinienkerne dazugeben: Vorsicht: Sie verbrennen leicht! Den gewaschenen Spinat beifügen, die Muskatnuss dazureiben und umrühren. Zugedeckt 2–3 Minuten auf mittlerer Flamme dämpfen, bis der Spinat zusammenfällt. Mascarpone, Rahm und, falls nötig, noch etwas Wasser hinzufügen, kurz aufkochen lassen. Den Parmesan darunterrühren, mit Salz, Pfeffer und nach Bedarf einem Spritzer Zitronensaft abschmecken und mit den abgetropften Tagliatelle mischen.

Variationen:

- Mangold statt Spinat verwenden; diesen klein schneiden und etwa 5 Minuten blanchieren.
- Brennnesselblätter statt oder zusammen mit dem Spinat verwenden (siehe Seite 128).

Dieser junge Koch brät sich sein Lieblingsessen selbst: Grüner Spargel für die Nudelsauce.

Schon gewusst?
Pinienkerne selbst finden

Die cremeweißen, mandelartigen Kerne sind die geschälten Samen der Pinie, die im gesamten Mittelmeerraum heimisch ist. Pinienkerne schmecken in Pesto, in Salaten, zum Backen oder zum Knabbern.

Wild ernten in Mallorca:
Grüner Spargel mit Penne

Superschnell, lecker und »gefährlich« sind die Attribute dieses Gerichts: »Die Großen und die Kinder essen immer zu viel davon, bis die Bäuche glänzen«, warnte vorsorglich unsere Schwägerin Andrea, von der die Rezeptidee stammt. Dennoch ist dieses gesunde Frühlingsgericht ideal für faule Feinschmecker unterwegs, da beim grünen Spargel das lästige Schälen entfällt. Tipp: Vor allem auf Mallorca findet sich vielerorts langer wilder grüner Spargel. Der untere holzige Teil wird weggeschnitten – und schon ist er küchenfein.

2 Bund grüner Spargel (ca. 500 g)
300 g Penne
3 EL (ca. 40 g) Butter
1 Zwiebel, klein geschnitten
½–1 getrocknete oder frische Chili, entkernt, zerbröselt oder fein geschnitten
4–5 dünne Scheiben würziger Rohschinken (z.B. Tiroler oder Serranoschinken), klein geschnitten
1 Becher (200 g) Rahm
1 EL Tomatenmark
Salz, Pfeffer
½ Bund Petersilie, gehackt

Vom unteren Ende der Spargelstangen etwa 1 cm wegschneiden, die Stangen in 3 cm lange Stücke schneiden.

Die Teigwaren in reichlich Salzwasser gar kochen, abschütten und abtropfen lassen.

Die Butter in einer Pfanne erhitzen, die Zwiebel darin glasig dünsten, Chili und Schinken dazugeben, kurz danach den Spargel beifügen und anbraten, dann bei geschlossenem Deckel kurz dünsten und, sobald er bissfest ist, mit dem Rahm ablöschen und das Tomatenmark einrühren.

Die Teigwaren unter die Sauce heben, salzen, pfeffern und mit der Petersilie bestreuen.

Variationen:

- Statt Zwiebel, Öl und Petersilie Bärlauch-Pinienkern-Pesto nehmen.
- Statt Rahm Mascarpone, Sauerrahm oder Frischkäse verwenden.
- Statt mit grünem Spargel mit Brokkoli zubereiten und statt Rohschinken gekochten verwenden – dann passt das Rezept auch, wenn die Spargelzeit vorbei ist.

Pfifferlinge mit Ei und Petersilie sind ein Klassiker der Outdoor-Küche.

Hüttenzauber:

Duftende Pfifferlingspfanne

500 g Spaghetti
4–8 Handvoll frische Pfifferlinge oder Maronenröhrlinge, Birken-Rotkappen, Parasole oder Steinpilze (250–500 g), geputzt und grob zerkleinert
2–3 EL Butter
2 EL Öl (eventuell aromatisiertes Steinpilzöl, siehe Seite 101)
Salz und Pfeffer

Die Spaghetti in reichlich Salzwasser kochen, abschütten und abtropfen lassen.

Inzwischen die Pilze in Butter und Öl 2–3 Minuten braten, pfeffern und salzen, dann die abgetropften Spaghetti darin schwenken. Selbst gesammelte Pilze schmecken noch mal so gut (siehe Seite 124).

Variationen:

- Die Pfifferlinge beim Anbraten mit 2 EL Zitronenzucker glasieren – dadurch glänzen sie schön und ihr feines Aroma verstärkt sich. Lecker dazu sind auch ein paar kurz mit angebratene Aprikosenschnitze!
- Eier: Statt der Teigwaren 4–6 verquirlte Eier unter die Pilze in der Pfanne rühren.

Eierspeisen

Spätzle schaben wie die Schwaben

Spätzle sind ein schwäbisch-alemannisches »Nationalgericht«, ohne sie läuft in dieser Küche beinahe gar nichts. Bei diesem Rezept werden die Knöpfle – wie vor allem die Allgäuer das Teigwerk nennen – vom Brett geschabt. Diese Technik aus Urgroßmutters Zeiten gelingt mit ein wenig Übung. Achten Sie darauf, dass Brett und Messer immer feucht sind, und spülen Sie das zur Spätzlebereitung verwendete Geschirr bald nach Gebrauch, sonst klebt der Teig fest. Schmeckt garantiert auch Nicht-Schwaben!

½ kg Mehl
1–1½ Tassen (180–270 ml) Milch oder Wasser
8 Eier
4 TL Salz (20 g), Butter zum Schwenken
Salz, Muskatnuss

Das Mehl mit der Milch verrühren, dann erst die Eier und das Salz dazugeben und mit einer Gabel so lange kräftig schlagen, bis ein glatter Teig entstanden ist. Den Teig 10 Minuten ruhen lassen.

Inzwischen 2½ Liter Wasser zum Kochen bringen und salzen. Den Teig vom Brett direkt ins kochende Salzwasser schaben: Dazu immer wieder kleine Teigportionen auf ein benetztes Brett streichen und mit Hilfe eines glatten Messers oder mit dem Messerrücken ins Wasser schaben. Sobald die Spätzle oben schwimmen, herausnehmen, in ein Sieb schütten und abtropfen lassen. Die Spätzle in Butter anschwenken, mit Salz und etwas Muskat abschmecken.

Lecker dazu: Die fertigen Spätzle lagenweise mit Emmentaler bestreuen und/oder Röstzwiebeln darüber geben. Dazu schmeckt grüner Salat.

Variationen:

- Grüne Spätzle: 2–4 EL grünen Pesto oder 1 Handvoll klein geschnittenen Spinat, Bärlauch oder Brennnesseln unter den Teig mischen.
- Rote Spätzle: Tomatenmark nach Belieben unter den Teig mischen.

Aufgepasst:

Darauf achten, dass das Messer stets benetzt ist: am besten einen Topf oder eine Schüssel mit Wasser neben die Arbeitsfläche stellen und das Messer immer wieder eintauchen.

Beim Spätzleschaben, sollten Unterlage und Werkzeug gut mit Wasser angefeuchtet sein.

Spätzlevariationen: Tomatenmark färbt sie rot, frische, kleingeschnittene Kräuter grün.

Fürs Picknick:
Kräuter-Frittata

Frittata ist ein italienisches Eieromelett, prall gefüllt mit frischen Kräutern oder Gemüse. Sie ist ideal als Speise für unterwegs, da Groß und Klein das in Tortenstücke geschnittene Omelett gut von Hand essen können. Idee: Füllen Sie zur Abwechslung einmal ein ausgehöhltes Picknickbrot mit dieser Eierspeise als unterster Lage (siehe Foto Seite 60).

8 Eier
4 EL Olivenöl
Salz, Pfeffer
ca. 2 Tassen (400 g) klein geschnittene frische Kräuter mit weichen Blättern (z.B. Kerbel, Basilikum, Rucola, Estragon, Koriander, junge Löwenzahnblätter oder Brennnesseln, Petersilie, Zitronenmelisse, Sauerampfer sowie Borretsch und etwas Pfefferminze; siehe Seite 128ff.), nach Belieben gemischt
2 gehäufte EL Parmesan
1 Prise geriebene Muskatnuss
2 Knoblauchzehen, fein gehackt
¼ rote Chili, entkernt und fein gehackt

Die Eier mit 1 EL Olivenöl verquirlen, salzen und pfeffern und mit den Kräutern und dem frisch geriebenen Parmesan vermischen, etwas Muskatnuss dazureiben.

Knoblauch und Chili im restlichen Öl bei mittlerer Flamme andünsten, dann die Eiermasse einfüllen und 5–10 Minuten bei schwacher Hitze zunächst auf einer Seite stocken lassen und knusprig braun braten. Dann wenden und die zweite Seite braten.

Lecker dazu: Rohkost mit Dip, Tomaten-Salsa, mariniertes Gemüse, Griechischer Salat

Aufgepasst:

Zwischendurch die Pfanne immer wieder rütteln, damit die Eiermasse nicht ansetzt.

Variationen:

- Nudelkuchen: Gehaltvoller wird das Gericht, wenn man etwa 2 Handvoll gekochte, klein geschnittene Spaghetti zur Eier-Kräuter-Masse gibt und diese dann wie oben beschrieben brät.
- Statt Kräuter klein geschnittenen Blattspinat und/oder Feldsalat verwenden.
- Spanische Tortilla: Zerkleinerte gekochte Kartoffeln zur Eiermasse geben und wie den Nudelkuchen braten. In Madrid gibt man gerne noch Zwiebeln und Knoblauch dazu.
- Griechisch: 1 Handvoll Ziegen- oder Schafskäse und Oregano hineinkrümeln.

Für den Bärenhunger:

Rührei mit Mozzarella

Hungrigen Sportlern oder solchen, die noch Großes vorhaben, kann mit diesem Blitzgericht rasch geholfen werden ...

- 5 Eier
- 1 Kugel Mozzarella, klein gewürfelt
- 1 Handvoll geriebener Parmesan
- 4–5 dünne Scheiben (ca. 50 g) gekochter Schinken, in feine Streifen geschnitten
- 1 Handvoll frische Basilikumblätter, zerzupft
- Salz, Pfeffer
- 1 EL Olivenöl zum Braten

Die Eier mit den anderen Zutaten verrühren.

Das Olivenöl in einer Pfanne auf mittlerer Flamme erwärmen, die Mischung hineingießen und stocken lassen. Mit dem Schaber zerkleinern und regelmäßig wenden, bis das Rührei leicht goldbraun gebraten ist.

Lecker dazu: gemischter Salat mit Feta, Weißbrot

Aufgepasst:

Die Masse öfter wenden und vom Pfannenboden kratzen, damit sie nicht anbrennt.

Tipp:

Besonders lecker schmeckt Büffelmozarella mit seinem nussigem Aroma.

Variation:

Pfifferlinge in etwas Butter anbraten, dann mit den restlichen Zutaten verrühren.

Bergsteigerglück:

Kräuterknödel mit Speck

Eine gute Möglichkeit, altbackenes Brot zu verwerten, und ein Sattmacher für alle nach einer anstrengenden Bergtour!

- 5 Brötchen (ca. 375 g Weißbrot)
- 3 Eier
- ¾ Tasse (125 ml) Milch
- 1 EL fein geschnittener Oregano oder Thymian
- je 1 Prise Muskatnuss, Salz und Pfeffer
- 1 dicke Scheibe (ca. 100 g) durchwachsener Speck, gewürfelt
- 1 Zwiebel, klein geschnitten
- 2–4 Handvoll (250 g) Spinat (oder 1–2 Handvoll Bärlauch), gewaschen, entstielt und klein geschnitten
- 3–5 EL Mehl
- 6–8 EL geriebener Bergkäse (oder Gruyère, Emmentaler)

Das Brot klein schneiden und in eine Schüssel geben. Die Eier mit Milch, Kräutern und Gewürzen verquirlen, über das Brot gießen und mindestens 10 Minuten durchziehen lassen, dabei die Brotstücke mit einem Löffel immer wieder in die Flüssigkeit drücken.

Inzwischen den Speck in einer Pfanne ohne Fettstoff auslassen, die Zwiebel dazugeben und glasig dünsten. Anschließend den Spinat und/oder Bärlauch beifügen und gar dünsten. Die Gemüse-Speck-Mischung mit dem eingeweichten Brot und Mehl nach Bedarf zu einem Teig kneten.

In einem großen Topf Salzwasser aufkochen. Mit angefeuchteten Händen kleine Knödel formen und diese im kochenden Wasser etwa 10 Minuten gar ziehen lassen, dann vorsichtig herausheben oder in ein Sieb abgießen. Auf Tellern anrichten und mit dem geriebenen Käse bestreuen.

Kräuterknödel mit Speck füllen leere Mägen im Handumdrehen.

Lecker dazu: gekochter Schinken oder Rohschinken, grüner Salat, Pfifferlinge, schnelle Zwetschgensauce (nach dem Rezept der Beerensauce, Seite 77)

Zitrusfrisch:

Topfenpalatschinken mit Orangenaroma

Diese süße Leckerei aus Österreich ist auf der Hütte in den Bergen ebenso beliebt wie im sonnigen Süden. Südlich inspiriert, verleihen Orangen und Zitronen dem Gericht Frische.

Gut zwei Tassen (ca. 300 g) Mehl
½ l Milch
3 Eier
Salz
feine Streifen von 1 unbehandelten Orange
250 g Quark
knapp eine ½ Tasse Zucker (ca. 70 g)
1 EL Zitronensaft
3 EL Orangensaft
abgeriebene Schale von 1 unbehandelten Zitrone
3 EL Distelöl oder anderes mildes Pflanzenöl oder Butter

Das Mehl mit der Milch zu einem flüssigen Teig rühren, nach und nach die Eier und 1 Prise Salz daruntermischen – mit einer Gabel gelingt dies, ohne dass sich Klumpen bilden. Dann die fein geschnittenen Orangenschalen darunterziehen. Den Teig vor dem Backen etwa eine halbe Stunde zugedeckt im Schatten ruhen lassen.

Den Quark mit Zucker, Zitronen- und Orangensaft und der abgeriebenen Zitronenschale mischen.

Die Pfanne mit Öl ausreiben und erhitzen. Aus dem Teig auf mittlerer Flamme acht dünne Pfannkuchen backen. Die Quarkmasse gleichmäßig auf den Pfannenkuchen verteilen und diese vorsichtig aufrollen.

Aufgepasst:

Wichtig ist die Einhaltung der Reihenfolge: Zuerst Mehl und Milch verrühren. Verquirlt man zuerst Milch und Eier und gibt erst dann das Mehl dazu, wird die Masse klumpig!

Variationen:

- Mozzarella: 3–4 in feine Streifen geschnittene Scheiben Mozzarella auf den soeben in die Pfanne gegossenen Pfannenkuchen geben und mitbraten – schmeckt nussig-fein.

Tortenglück im Caravan: Topfenpalatschinken, lagenweise mit Schlagrahm oder Quark übereinandergeschichtet und mit frischen Beeren garniert.

- Duftblattgeranien: Die in tausendundein verschiedenen Aromen duftenden Blätter sind kulinarisch auf dem Vormarsch (siehe Duftpelargonie, Seite 136): 2–3 klein geschnittene Blätter zur Quarkfüllung und/oder in den Teig geben.

Gemüse

Griechisch einfach:

Grüne Bohnen mit Schafskäse

500 g grüne Bohnen, geputzt
1–2 EL Butter
1–2 Tassen Gemüsebrühe und/oder Weißwein
250 g Schafskäse
2 EL gehackte Kräuter (Bohnenkraut, Petersilie)

Die Bohnen in einem großen Topf in der zerlassenen Butter zart anbräunen, dann mit der Gemüsebrühe aufgießen, zudecken und in etwa 5–7 Minuten bissfest kochen. Am Schluss nach Belieben den Deckel abnehmen und die Brühe etwas einkochen lassen. Etwas Butter oder feines Öl, den zerkrümelten Schafskäse und die Kräuter darunterrühren.

Variationen:

- Mit Radieschen: 1 Bund Radieschen putzen und in feine Stifte schneiden, zuletzt zu den Bohnen geben und noch 1 Minute mitgaren. Mit Salz, Pfeffer, Öl und etwas Essig würzen.
- Mangold mit Parmesan: 6–8 Mangoldblätter mit 1–2 gehackten Knoblauchzehen anbraten, mit ½–1 Tasse Brühe oder Weißwein aufgießen und dünsten, mit Zitronensaft abschmecken und mit 1 Handvoll Parmesan bestreut servieren.
- Radicchio: 1–2 Köpfe Radicchio, den Strunk entfernt, wie Mangold (siehe oben) zubereiten. Sehr gut eignet sich der milde Radicchio rosso aus Treviso.
- Chicoree, Rucola, Endivien: Wie Mangold zubereiten.

Hommage an die Zwiebel:

Glasierte Balsamico-Schalotten

Ist die Urlaubsküche noch so dürftig bestückt, ein paar Zwiebeln finden sich meist. Dieses Rezept macht sie in Kürze zum leckeren Erlebnis.

1½ Tassen (gut 250 ml) Gemüsebrühe
½ kg kleine Zwiebeln oder Schalotten, geschält und je nach Größe ganz oder halbiert
2 EL Olivenöl
2 EL Zucker
abgezupfte Blättchen von 5 Zweigen Thymian
gut ½ Tasse Balsamicoessig (100 ml oder 14–16 EL)
½ TL Salz, Pfeffer

Die Brühe in der Pfanne zum Kochen bringen, die Zwiebeln hineingeben, von der Flamme nehmen und bei geschlossenem Deckel 2 Minuten ziehen lassen.

Kartoffelpuffer und in der Mitte Ricottataler (siehe Rezept Seite 64).

Die Brühe in ein Gefäß abgießen. Die Zwiebeln mit Olivenöl und Zucker auf mittlerer Flamme unter regelmäßigem Wenden glasieren, bis sich die Schalen schön goldbraun färben. Die Thymianblätter und den Balsamico dazugeben und nach und nach mit der Brühe aufgießen. Etwa 3 Minuten bei geschlossenem Deckel garen. Mit Salz und Pfeffer abschmecken. Heiß, lauwarm oder kalt servieren.

Lecker dazu: Weißbrot, andere Antipasti (siehe Seite 101), Risotto, gebratene Leber

Variation:

Den Sud ohne Thymian, dafür mit 1 Lorbeerblatt und etwa 3 Nelken zubereiten.

Pufferschlacht mit Kartoffeln, Zucchini und Parmesan

Puffer aus geriebenen Kartoffeln schmecken immer. Unsere Variante ist etwas herzhafter und schmeckt uns am besten zusammen mit einer Tomatensauce unter südlicher Sonne.

- 6 Kartoffeln, geschält
- 2 Zucchini
- 2 Eier
- 2 EL Mehl
- 1 Prise Muskatnuss
- Salz, weißer Pfeffer
- 3–4 EL Olivenöl
- 8 EL frisch geriebener Parmesan

Kartoffeln und Zucchini raspeln. Die Eier und das Mehl darunterrühren und mit Muskatnuss, Salz und Pfeffer abschmecken.

In einer Bratpfanne 1 EL Olivenöl auf mittlerer Flamme erhitzen, die Kartoffelpuffermasse portionenweise hineingeben und jeweils zu kleinen, dünnen Fladen verstreichen. Etwa 10 Minuten unter Wenden braten, bis die Fladen goldbraun sind, auf Küchenpapier abtropfen lassen.

Aufgepasst:

Die Puffer nur auf mittlerer Hitze langsam braten und zwischendurch den Deckel aufsetzen, sonst sind sie innen roh!

Variationen:

- Mit Knoblauch: 1 klein geschnittene oder gepresste Knoblauchzehe zur Kartoffelmasse geben.
- Mit Chili und rotem Thaicurry: ½ entkernte, klein geschnittene Chili und ein Hauch roter Thaicurry, unter die Kartoffelmasse gemischt, verleihen dem Gericht eine feine Schärfe.
- Mit Karotten statt Zucchini, diese ebenfalls raspeln.
- Kartoffeln pur: Die klassische Variante ohne die Zugabe anderen Gemüses.

Schon gewusst?

Gemüse glasieren

Bei dieser Zubereitungsart wird das Gemüse gedünstet und erhält gleichzeitig einen glänzenden Überzug. Neben Fett und/oder Flüssigkeit fügen Sie noch Zucker hinzu. Wichtig ist dabei, den Topf oder die Pfanne während des Garens ständig leicht zu schwenken oder das Kochgut zu wenden. Auf diese Weise verteilt sich die Glasur gleichmäßig auf dem Gemüse. Für diese Zubereitung eignen sich Gemüse wie Karotten, Zucchini, Zwiebeln oder Maronen (Esskastanien).

Ratatouille von Muttern

»In den Topf kommt immer das Gemüse, das gerade da ist«, erklärte Oma Brigitte, die ihre fünfköpfige Familie in allen Zelturlauben in den sechziger und siebziger Jahren an der Adria immer selbst bekochte: »Ratatouille ging immer fix: Auberginen, Zucchini, Tomaten, Paprika und Zwiebeln schnippelten die Kinder. Zuerst die Zwiebeln dünsten, dann das Gemüse hinein, ein Schuss Chianti dazu, salzen, pfeffern sowie ein Zweig frischer Rosmarin - schon schmeckt es würzig. Wenn es deftiger sein sollte, brieten wir noch ein Pfund Hackfleisch mit den Zwiebeln an und schichteten dann das Gemüse darüber. Um keine Vorräte wegzuwerfen, kochten wir das Gericht meist auch am Vorabend vor der Abfahrt.«

Lecker dazu: frisch geriebener Parmesan, Weißbrot, Nudeln, Reis oder Kartoffeln

Tipps:

Damit sie sich nicht braun verfärben, die gewürfelten Auberginen mit Zitronensaft beträufeln.

Ratatouille kann man auch am offenen Feuer in einer hitzebeständigen Glasflasche kochen oder in einer Alutüte in der Glut dünsten (siehe Seite 94).

Variation:

Wurzelgemüse-Ratatouille: je 2 Karotten, Petersilienwurzeln, Kartoffeln, Zwiebeln, Knoblauchzehen, 1 gelbe oder rote Paprika, 1 Aubergine, 1 entkernte rote Chili, 6 getrocknete Tomaten, 6 Fleischtomaten, 2 EL Olivenöl, 2 EL Zitronensaft, je 3 Zweige Oregano und Rosmarin

Das klein geschnittene Gemüse (außer den Tomaten) mit den Kräutern im Olivenöl glasig dünsten, dann erst die Tomaten (geschält oder ungeschält) dazugeben und bei geschlossenem Deckel bei mittlerer Hitze 10 Minuten garen. Mit Zitrone, Salz und Pfeffer abschmecken und nach Bedarf noch etwas Wasser oder Brühe dazugeben.

Schon gewusst?
Artischocken komplett verspeisen

In den letzten Jahren sind lila Artischocken mit länglichen Köpfen auf dem Vormarsch. Kleine, junge Exemplare davon kann man komplett verspeisen. Dazu zupft und isst man die äußersten Blätter wie gewohnt und kann dann direkt in den Blütenboden beißen. Die länglichen Herzen, die kaum oder gar kein Heu haben, sind - ob geschmort, gebraten, gekocht und sogar roh, am besten fein gehobelt mit Olivenöl - eine leckere Delikatesse, die zudem wie ihre stachelige Schwester voller wertvoller Inhaltsstoffe steckt: Organische Säuren wie Cynarin kräftigen die Leber, unterstützen die Galle und schonen den Magen. Nach einem Artischockenmahl können Sie sich daher getrost den Magenbitter sparen.

Kein Italienurlaub ohne Ratatouille! Dazu als Salat Rauke, die auch in Meeresnähe wild gedeiht, mit Parmesanbröseln.

Ein Zweiglein Rosmarin, vielleicht von der Hecke beim Stellplatz, sorgt für das mediterrane Geschmackserlebnis.

Lila Artischocken im Kochtopf: In das gare Gemüse können Sie herzhaft hineinbeißen, da auch der Blütenboden stachelfrei ist.

Feines Campingmahl: Artischocken mit Eier-Kräuter-Vinaigrette, gefüllte Zucchiniblüten, roter Pesto und Erdbeeren mit Mascarpone.

Sinnlicher Spaß für laue Campingnächte:

Artischocken mit Eier-Kräuter-Vinaigrette

Von Artischocken Blatt für Blatt abzuzupfen, in die Eiersauce zu dippen und dann mit den Zähnen den fleischigen Blattgrund abzuknabbern ist nicht nur ein sinnliches Vergnügen für ein Mondschein-Dinner zu zweit, es macht auch in der größeren Runde Spaß. Vielleicht feiern Sie eine Party mit den neuen Camping-Nachbarn. Sind Sie beim Herz der Artischocke angelangt, entfernen Sie die Fasern, um den schmackhaften Artischockenboden freizulegen; diesen zerteilen und als Krönung des Mahls genießen!

4 Artischocken
4 Eier
3–4 EL Olivenöl
½ Becher Crème fraîche, Rahm oder Sauerrahm
1 TL Balsamicoessig
Salz, Pfeffer
1 EL scharfer Senf
1 Bund Schnittlauch, fein geschnitten

Von den Artischocken den Stiel abschneiden, die Artischocken in reichlich Salzwasser kochen, bis sich die äußeren Blätter leicht herausziehen lassen.

Inzwischen die Eier hart kochen, kalt abschrecken, schälen und ganz fein hacken. Öl, Crème fraîche, Essig, Salz, Pfeffer und Senf zu einer Vinaigrette rühren, dann die fein gehackten Eier und den Schnittlauch darunter mischen.

Schnelle Pommes aus der Pfanne

Lieblingsgericht, Kindheitserinnerung oder einfach nur köstliches Vergnügen – das sind goldgelb und knusprig gebratene Pommes. Auch in der Pfanne gelingen sie leicht. Am besten eignen sich vorwiegend festkochende Kartoffeln.

8 Kartoffeln (ca. 1 kg)
4 EL Olivenöl
1 Rosmarin-, Oregano- oder Thymianzweig
Salz

Die Kartoffeln schälen, in etwa 1 cm dicke Scheiben und diese anschließend in 1 cm breite Stifte schneiden. Mit dem Olivenöl und dem Kräuterzweig in der Pfanne zugedeckt von beiden Seiten 20 Minuten auf mittlerer Flamme garen und bräunen. Bei Bedarf einen Spritzer Wasser zugeben, dann aber ohne Deckel weiter garen.

Lecker dazu: Aïoli (Knoblauchmayonnaise), Erdnusssauce (mit etwas Brühe verdünnte und mit klein geschnittener Chili gewürzte Erdnussbutter)

Variation:

Knoblauchfans geben nach Belieben ganze, halbierte oder in Scheiben geschnittene Knoblauchzehen dazu.

Den Ricotta mit Eigelb, Basilikum und Parmesan mischen, mit Salz, Pfeffer und Muskat abschmecken. Jede Zucchiniblüte mit 1 gehäuften TL Masse füllen, die Blütenenden vorsichtig zusammendrehen.

Öl in einer Pfanne erhitzen und die gefüllten Blüten darin bei mittlerer Hitze auf jeder Seite etwa 2–4 Minuten braten, die Hälfte der Garzeit mit aufgesetztem Deckel.

Lecker dazu: 1 kleine Zwiebel und etwas in Streifen geschnittene Karotten und Zucchini andünsten, mit Weißwein und Rahm ablöschen und die gefüllten Blüten darin zugedeckt auf kleiner Flamme garen – dann ist es ein wahres Vier-Sterne-Essen.

Variation:

Mit Schafskäse: Auch eine Füllung aus zerdrücktem Schafskäse und mediterranen Kräutern schmeckt lecker. Freunde fahren auf der griechischen Insel Samos immer extra über die ganze Insel, um am Ende in Ireon in einer Taverne diese Spezialität zu essen.

Ballonfahrertraum:
Gefüllte Zucchiniblüten

Goldgelbe Zucchiniblüten werden auf Märkten und beim Gemüsehändler in südlichen Gefilden oft wie Blumensträuße feilgehalten. Es lohnt sich, sie kennenzulernen. Da sich die seidenartigen Blüten leicht auseinanderklappen lassen, sind sie im Handumdrehen gefüllt und ausgebacken. Mit ihrem feinen, milden Aroma schmecken sie warm ebenso wie kalt mit verschiedenen Füllungen.

8–10 Zucchiniblüten
½ Becher (125 g) Ricotta
1 Eigelb
1 Handvoll Basilikum oder Kerbel, klein gezupft
1–2 Handvoll geriebener Parmesan (120 g)
Salz, Pfeffer
etwas geriebene Muskatnuss
5 EL Olivenöl

Feine Spezialität: Zucchiniblüten vom italienischen Markt oder Gemüsehändler sind rasch gefüllt und gebraten.

Reis, Bulgur und Couscous

Feiner Genuss:

Steinpilzrisotto

1 kleine Zwiebel, fein gewürfelt
2 EL Olivenöl
2 Tassen Arborioreis (ca. 400 g)
1 l Brühe
¼ l trockener Weißwein
3–4 Handvoll frische Steinpilze oder andere Speisepilze oder 2 Handvoll (ca. 40 g) getrocknete Steinpilze
2–3 EL Butter (ca. 30–40 g)
1–2 Handvoll frisch geriebener Parmesan
Salz, Pfeffer

In einem großen Topf im Olivenöl die Zwiebel auf mittlerer Flamme glasig dünsten. Den Reis einstreuen und rühren, bis er glasig aussieht und ganz leicht angeröstet ist. Die Brühe nach und nach zum Reis gießen und auf kleiner Flamme rühren, bis der Reis die Flüssigkeit aufgesogen hat, dann den Weißwein nach und nach zugeben. Das Ganze dauert 20–30 Minuten.

Inzwischen getrocknete Steinpilze 10 Minuten in Wasser einweichen und ausdrücken. Frische Steinpilze putzen.
Die Pilze etwas zerkleinern und in der Pfanne in 1 EL Butter anbraten.

Den Risotto von der Flamme nehmen und unter kräftigem Rühren (etwa 2 Minuten) die Pilze, die Butter und den Parmesan daruntermischen, bis der Risotto eine cremige Konsistenz hat. Mit Salz und Pfeffer abschmecken.

Aufgepasst:
Wichtig ist, dass der Reis während des Kochens ständig gerührt wird, damit er sich nicht am Boden ansetzt. Falls er auch nach 30 Minuten noch Biss hat, einfach weiter Brühe oder Wein zugeben, bis er gar ist.

Variation 1:

Zuckererbsen-Risotto

Zuckererbsen sind junge, süß schmeckende, unreif geerntete Erbsen, die mitsamt den Hülsen gegessen werden. Sie sind in kürzester Zeit blanchiert und daher perfekt für die schnelle Küche unterwegs.

2 Schalen Zuckererbsen (Kefen; ca. 500 g)
1 TL Zuckerrübensirup oder Honig
1 EL Butter
½ Tasse Brühe (ca. 90 ml)
Salz, Pfeffer
2 TL Mascarpone

Risottoköche beim Rühren.

Bunter Taboulé für arabische Nächte.

Die Zuckererbsen in Zuckerrübensirup und 1 EL Butter schwenken, dann mit der Brühe aufgießen und etwa 3 Minuten blanchieren, salzen und pfeffern, den Mascarpone darunterrühren und mit dem Risotto (siehe oben) vermischen.

Variation 2:
Gemüserisotto mit scharfer Wurst

100 g scharfe Salami (Chorizo), gewürfelt
1 Paprikaschote
1 Zucchini
2 Frühlingszwiebeln
2 Knoblauchzehen
2 Tomaten
etwas Brühe
½ Bund Petersilie oder Basilikum

Die Wurst ohne Fettzugabe anbraten, dann das mundgerecht geschnittene Gemüse dazugeben und ebenfalls anbräunen, mit etwas Brühe aufgießen und das Gemüse bissfest garen. Unter den fertigen Risotto (siehe oben) mischen.

Schon gewusst?
Risottoreis – die besten Sorten

Je höher die Qualität des Reiskorns, umso mehr Flüssigkeit nimmt es auf. Das Reiskorn kann bis zum Vierfachen seiner ursprünglichen Größe quellen und verwöhnt dann saftig und schmelzend den Gaumen. Risottoreis wird vor allem in der Poebene in Norditalien angebaut. Es gibt verschiedene Sorten. Die besten sind die Superfino-Sorten wie Arborio, Carnaroli, Roma, Baldo und die Fino-Sorten wie Vialone und Nano. Sie sind perfekt für einen cremigflüssigen Risotto.

Für arabische Nächte:
Bunter Taboulé

Bulgur verdient auch bei uns größere Bekanntheit. Der geviertelte Weizenschrot ist sogar noch praktischer als Nudeln, da er bereits Stunden vor dem Essen zubereitet werden kann. Kurz vor dem Servieren zieht man dann einfach das frisch geschnittene oder blanchierte Gemüse darunter. Das folgende Rezept stammt aus dem Libanon.

1 kleine Packung oder knapp 2 Tassen (ca. 250 g) Bulgur
2 kleine Salatgurken
5 Tomaten
2 Frühlingszwiebeln
1 Bund Petersilie
1 Knoblauchzehe, fein geschnitten
6 EL Olivenöl
Saft von 2 Zitronen
2 TL Zucker
Salz, schwarzer Pfeffer
1 Becher Joghurt

Deftiges Couscous – für starke Frühlingstage mit knusprig gebratenen jungen Birkenblättern angereichert.

Den Bulgur mit ¾ Liter kochendem Wasser übergießen und zugedeckt etwa 20 Minuten quellen lassen, in ein Sieb schütten, abtropfen und abkühlen lassen.

Die Gurken waschen, längs halbieren, entkernen und in 1 cm breite Stücke schneiden, die Tomaten achteln und entkernen, die Frühlingszwiebeln und die Petersilie fein schneiden.

Den Knoblauch im Olivenöl glasig dünsten, abkühlen lassen. Dann mit Zitronensaft, Zucker und etwas Salz vermengen. Zusammen mit dem Gemüse unter den Bulgur mischen, mit Salz und Pfeffer abschmecken und mit einem Klecks Joghurt garniert servieren.

Lecker dazu: Fleischschnitzel mit Salbei

Marokkanisches Couscous mit Lamm und Minze

400 g filetiertes Lammfleisch (ersatzweise Rind, Kaninchen oder Putenbrust)
5 EL Olivenöl
1 Knoblauchzehe, fein geschnitten
1 frische Chili, entkernt und klein geschnitten
1 gelbe Paprika, klein geschnitten
3 Frühlingszwiebeln, klein geschnitten
6 Fleischtomaten, zerkleinert
2 Zweige Basilikum
4 Zweige Minze
Saft von ½ Zitrone
⅔ Tasse Brühe (120 ml)
2–3 Tassen Couscous (250–350 g)
700 ml kochendes Wasser
2 EL Butter, Salz, Pfeffer

Das Fleisch quer zur Faser in feine, etwa ½ cm dicke Streifen schneiden. 2 EL Olivenöl auf mittlerer Flamme erhitzen und das Fleisch darin anbraten, dann den Deckel für etwa 5 Minuten aufsetzen, anschließend wieder abnehmen und weiterbraten, bis sämtliche Flüssigkeit verdunstet ist. Das Fleisch auf einem Teller warm stellen.

2 EL Olivenöl in der Pfanne erwärmen, Knoblauch, Chili, Paprika und Frühlingszwiebeln darin glasig braten, das Fleisch wieder dazugeben, dann die Tomaten, die klein gezupften Kräuter und den Zitronensaft. Alles zusammen kurz kochen, dann mit der Brühe ablöschen.

Inzwischen das Couscous mit 1 EL Öl und Salz in einen großen Topf oder in eine Schüssel geben, mit dem kochenden Wasser übergießen und 3–5 Minuten zugedeckt quellen lassen, zuletzt die Butter darunterziehen und mit der Gemüsemischung vermengen, mit Salz und Pfeffer abschmecken.

Variationen:

- Fein schmeckt dazu ein Klecks Joghurt oder Ajvar (Paprika- oder Paprika-Auberginen-Mus).
- Auch Basilikum-Minz-Öl (siehe Seite 100) passt bestens.

Nordseekrabben fangfrisch vom Kutter: In der Reispfanne kommt ihr feiner Geschmack gut zur Geltung.

Für starke Frühlingstage:

Bärlauch-Spinat-Couscous

2–3 Tassen (250–300 g) Couscous
4 EL Olivenöl
½ Brühwürfel
700 ml kochendes Wasser
2 EL Butter
2 EL Zucker
8–10 dünne Scheiben (ca. 100 g) luftgetrockneter italienischer Rohschinken, in feine Streifen geschnitten
2 Handvoll klein geschnittene Bärlauch- oder Spinatblätter
abgeriebene Schale von 1 Zitrone
2–3 Knoblauchzehen, klein geschnitten
Salz, Pfeffer
Joghurt

Den Couscous zusammen mit 1 EL Öl, Salz und dem zerbröselten ½ Brühwürfel in einen großen Topf oder eine Schüssel geben, mit dem kochenden Wasser übergießen und 3–5 Minuten quellen lassen, dann die Butter darunterrühren.

Das restliche Öl mit dem Zucker in einer Pfanne erhitzen, den Rohschinken hineingeben, dann den Bärlauch oder Spinat, die Zitronenschale und den Knoblauch, alles glasig braten. Zuletzt den Couscous darunterrühren, abschmecken und mit einem Klecks Joghurt garnieren.

Variation:

- Birkenblätter: 1 Handvoll klein geschnittene junge Birkenblätter mit den anderen Zutaten in der Pfanne anbraten. Schmeckt nussig und knusprig. Birkenblätter sind sehr gesund, da sie voller Mineralstoffe stecken, und helfen im Frühjahr, den Stoffwechsel anzukurbeln.

Für junge Mütter:

Sanftes Limettencouscous

Dieses zarte, leichte Couscous kommt vor allem bei Schwangeren, stillenden Müttern und Kindern gut an.

2–3 Tassen (250–300 g) Couscous
1 EL Olivenöl
700 ml kochende Brühe
2 EL Butter
2 Zucchini
1 Aubergine
6–8 Strauchtomaten
Saft von 2 Limetten
2–3 EL Zucker
½ Bund Basilikum, zerzupft
Salz, Pfeffer

Den Couscous mit 1 EL Öl und Salz in einen großen Topf oder eine Schüssel geben, die kochende Brühe dazugießen und den Couscous 3 Minuten quellen lassen, dann die Butter darunterrühren.

Inzwischen das Gemüse klein schneiden, mit etwas Limettensaft beträufeln, nacheinander in der Pfanne in etwas Olivenöl und Zucker glasieren, dann alles miteinander mit Limettensaft und Basilikum vermengen. Mit Salz und Pfeffer abschmecken und auf dem Couscous anrichten.

Schon gewusst?

Couscous, Cous Cous oder Kuskus

Aus der nordafrikanischen und arabischen Küche ist er nicht wegzudenken: Couscous ist grob gemahlener Grieß, meist aus Weizen, aber auch aus Gerste und Hirse. In einem besonderen Verfahren werden die Körnchen mit einer dünnen Mehlschicht überzogen, die ein Zusammenkleben der Körnchen beim Garen verhindert. Couscous ist blitzschnell fertig, da man ihn nur mit kochendem Wasser oder kochender Brühe übergießen und wenige Minuten quellen lassen muss. Mittlerweile ist Couscous in vielen Supermärkten europäischer Länder, meist in Päckchen von 250 g bis 1 kg, erhältlich; oft ist er bereits sogar vorgekocht.

Picknick oder kleiner Imbiss

Fürs Mittsommernachtsfest:

Matjeshappen

Nicht nur zum Mittsommerfest am 21. Juni stehen die jungen Matjesheringe besonders in Schweden hoch im Kurs, sondern auch sonst, am liebsten dann, wenn es zum Picknick geht oder gemeinsam gefeiert wird. Dazu ein frischer grüner Salat, junge Kartoffeln mit Dill und Erdbeeren mit Sahne - fertig ist das Menü rund um den Birkenbuschen, den junge Mädchen traditionell mit bunten Kreppbändern verzieren.

4 Matjes-Doppelfilets
1 Apfel
½ Gurke
1 EL Zitronensaft
½–1 Becher (100–200 g) Joghurt
Salz, Pfeffer
1 Prise Zucker
1 Zwiebel, klein geschnitten
1 TL Kapern
1–2 EL gehackter Dill

Die Matjesfilets kurz abspülen, trockentupfen und in fingerdicke Happen schneiden.

Apfel und Gurke grob reiben oder in kleine Stücke schneiden und mit Zitronensaft beträufeln. Den Joghurt mit Salz, Pfeffer und Zucker abschmecken, Zwiebel, Apfel und Gurke, Kapern und Dill daruntermischen und mit dem Matjes vermengen.

Lecker dazu: Pumpernickel oder Salzkartoffeln

Variation:

Statt frischer Gurke 2–3 Gewürzgurken und etwas Gurkenwasser verwenden oder den Joghurt mit Dill, Honig und Senf verrühren.

Gefüllte Brote:

Gfillti Broti usum Wallis

Von einem schönen runden Bauernbrot ¼ der Höhe als Deckel abschneiden, das Brot aushöhlen und nach Belieben füllen: z.B. mit Kräuter-Frittata (siehe Seite 47), Tomatensalat, einer Schicht Oliven, Pesto, Salatblättern und dem klein geschnittenen und gerösteten herausgelösten Brot. Den Deckel wieder daraufsetzen, und fertig ist das Brot für unterwegs. Es sollte etwa 1 bis 2 Stunden durchziehen. Scharfes Messer nicht vergessen, um es dann wie eine Torte in Stücke aufzuschneiden.

Ein gefülltes Brot ist ideal zum Mitnehmen: Schichten Sie gewürzte Tomaten- und Mozzarellascheiben, schwarze Oliven und Kräuter-Frittata (Rezept Seite 47) einfach lagenweise ein.

Fitnessriegel aus der Pfanne verleihen Kraft für den Aktivurlaub.

Glasierte Erdnüsse aus dem Topf.

Schon gewusst?
Kräuterbrote bringen Schwung

Ein Schnittlauchbrot ist eine feine Sache. Doch warum nicht auch die hübschen violetten Blütenkugeln aufs Brot legen? Ebenso würzig-lecker schmecken Gänseblümchenblüten. Im Frühjahr können Sie auch die Blätter grüner Muntermacher als Brotauflage genießen. Brunnenkresse etwa kurbelt bereits in der Früh den Motor für den ganzen Tag an (siehe auch Seite 128).

Wen der Hafer sticht:
Fitnessriegel

Diese Kraftpakete sind im Handumdrehen in der Pfanne karamellisiert und halten sich dann in einer gut verschließbaren Box wochenlang als praktischer Snack für unterwegs.

4 EL (ca. 50 g) Butter
½ Tasse (brauner) Zucker
je 2 randvolle Tassen Haferflocken (ca. 200 g) und Cornflakes (ca. 100 g)
knapp 1 Tasse (ca. 100 g) gehackte Mandeln, Walnüsse oder Haselnüsse
je ½ Tasse (ca. 50 g) Sonnenblumen- und Sesamkerne oder Kokosraspeln
½ Tasse Honig
1 TL Zitronensaft

Butter und Zucker in einer großen Pfanne karamellisieren. Alle weiteren Zutaten mischen, dazugeben und unter ständigem Rühren goldbraun rösten.

Ein Brett (etwa Größe A4) mit Alufolie belegen, die Masse daraufgeben, zum Rechteck formen und auskühlen lassen. Dann in schmale Riegel oder größere Würfel schneiden und in Alufolie verpackt aufbewahren.

Panini mit Schinken und Rucola

4 Paninibrötchen
2–3 EL Remouladen- oder Aïolisauce (Knoblauchmayonnaise)
4–8 Scheiben geräucherter Rohschinken (z. B. Parmaschinken)
2 Tomaten, in Scheiben geschnitten
Salz, Pfeffer
½–1 Bund Rucola

Die Panini quer halbieren, die untere Hälfte mit Remouladensauce bestreichen und mit je einer Lage Rohschinken und Tomate belegen, salzen und pfeffern und zuletzt einige Rucolablätter daraufgeben. Die zweite Brothälfte darüberklappen.

Variation:

Statt Rucola können Sie auch andere Salatblätter, z.B. Lollo rosso, verwenden. Die Panini schmecken auch lecker mit Bündnerfleisch oder Roastbeef.

Der Klassiker aus Mexiko:

Guacamole:

Mit dieser Avocadopaste füllen die Mexikaner ihre Tortillas, während Europäer sie eher als Dip für Gemüse und als Brotaufstrich lieben. In der Paste ist immer Zitronen- oder Limettensaft enthalten, der das unerwünschte Braunverfärben der Avocado verhindert.

2 reife Avocados
1–2 Tomaten, entkernt und fein gewürfelt
2 Frühlingszwiebeln, klein geschnitten
2 Knoblauchzehen, klein geschnitten
1 rote Chili, entkernt, klein geschnitten
½ Bund Koriandergrün, fein geschnitten
2 EL Zitronen- oder Limettensaft
schwarzer Pfeffer, Salz

Die Avocados halbieren, das Fruchtfleisch herauslösen und mit einer Gabel zerdrücken.

Tomaten, Zwiebeln, Knoblauch, Chili und Koriander daruntermischen, mit Zitronensaft, Salz und Pfeffer abschmecken.

Lecker: Ein Pittabrot aufschneiden, mit Guacamole, Basilikum und Tomatenscheiben füllen. Klassisch gut sind dazu Tortillas, Tortillachips oder Kräcker.

Variationen:

- Statt Koriander fein gehackte Petersilie oder Zitronenmelisse verwenden.
- 1 hart gekochtes, zerkleinertes Ei mildert die Schärfe der Chili, ebenso ein Klecks Crème fraîche, Sauerrahm, Mascarpone oder Frischkäse.
- Balsamicoessig von guter Qualität kann den Zitronensaft ersetzen oder ergänzen.

Avocadopüree mit Minze

2 Avocados
½ Knoblauchzehe
1 Handvoll Pfefferminze
1 Zitrone
1 getrocknete oder frische rote Chili, entkernt
½ Packung (125 g) Schafs- oder Ziegenkäse

Das ausgelöste Avocadofruchtfleisch zusammen mit den übrigen Zutaten mit einem großen Kochmesser zerkleinern oder mit der Gabel zerquetschen oder mit einem Stein auf einem Brett pürieren (siehe Seite 110).

Lecker zu Weißbrot, Spaghetti

Tipp:

Jeder Pesto lässt sich mit Avocadopüree strecken; es ist gesund, bekömmlich und weniger fetthaltig als reines Speiseöl.

Ein Zelt für sich allein:

Bärlauchaufstrich

3 Handvoll junge Bärlauchblätter
(60 g, siehe Seite 128)
2 EL Olivenöl
2 EL Ricotta
½ Packung (125 g) Ziegen- oder Schafskäse
1 Becher Joghurt (ca. 200 g)
Salz, Pfeffer

Die Bärlauchblätter klein schneiden und mit den übrigen Zutaten vermengen.

Lecker als Brotaufstrich, zu Nudeln, Kartoffeln und Risotto

Vielseitige Avocadocreme: Nach Belieben scharf oder mild würzen.

Variation:

Andere frisch geschnittene Kräuter wie Kerbel, Koriander, Schnittlauch und Borretsch darunterrühren.

Köstlich auch von der Raststätte:

Tramezzini mit Thunfischpaste

Wer kennt sie nicht, die Tramezzini aus den italienischen Bars, Restaurants, Autobahnraststätten und Bahnhöfen? Als kleiner Snack zwischendurch zergeht einem der diagonal geschnittene, lecker belegte Toast auf der Zunge. Das Brot ist besonders hell und feinporig und schmeckt noch feiner als seine Verwandten, da es Frischmilch enthält. Tramezzini gibt es in Frischhaltepackungen im Supermarkt in länglichen Scheiben, die man am besten in der Mitte durchschneidet, um zwei Vierecke zu erhalten. Bedecken Sie sie nach dem Belegen mit einer zweiten Scheibe und schneiden Sie das Ganze dann diagonal in zwei Dreiecke. Als Belag eignen sich roher oder gekochter Schinken, Salami, Mozzarella, Tomaten, Salat, Eiersalat oder Eischeiben oder andere herzhafte Zutaten – der Fantasie sind keine Grenzen gesetzt. Hier unser Favorit, ein leckerer Klassiker!

1 Packung Tramezzini
2 Dosen Thunfisch
1 weiße oder rote Zwiebel, fein geschnitten
2–3 EL Kapern, fein gehackt
1 hart gekochtes Ei, geschält und fein gehackt
1 EL Mayonnaise, Crème fraîche oder Sauerrahm
1 Spritzer Zitrone oder Balsamicoessig
Salz, Pfeffer

Den Thunfisch in einem Sieb abtropfen lassen. Alle Zutaten mit einer Gabel zu einer cremigen Paste vermengen, mit Salz und Pfeffer abschmecken. Die Tramezzini damit belegen.

Lecker dazu: Tomaten- und/oder Eischeiben

Variation:

1 klein gehackte Sardelle daruntermischen.

Dünne Fladen können Sie, je nach Geschmack, mit Fleischstücken, Salat oder Gemüse belegen – nicht zu dick auftragen, damit sich die Brote noch gut rollen und verspeisen lassen.

Schnelle Rollen:

Wraps

Wraps sind gerolltes Pittabrot, gerollte Pfannkuchen, meist aber große Fladen aus Mais- oder Weizenmehl, die in Mexiko auch Tortillas heißen. Die Fladen können Sie ganz nach Geschmack belegen, einwickeln und dann heiß oder kalt essen. In Alu- oder Frischhaltefolie eingeschlagen, eignen sie sich prima als Snack für unterwegs. Beliebte

Ideal für eine Radtour ins Grüne: Mit Wraps gefüllte Brotzeitbox.

Arme Ritter sorgen für ein gehaltvolles spätes Frühstück nach einer langen Campingnacht.

Füllungen sind Salate, Fleischsaucen, Käse und Salsa. Auch Reste etwa von Chili con carne, gegrilltes Gemüse und Fleischragouts lassen sich gut in Wraps rollen.

Klein geschnittenes, frisches oder gedünstetes Sommergemüse, Salat, gebratene Putenstreifen, frische, klein geschnittene Kräuter und Gewürze bereitstellen und die Wraps damit füllen und einwickeln. Das Zubereiten macht auch den Kleinen einen Riesenspaß!

Die Wraps lassen sich auch süß füllen, z.B. mit Beerenmarmelade (siehe Seite 77), feinen Obstschnitzen und/oder Honig und Crème fraîche.

Für Kinderhände:

Ricottataler

1 Becher (250 g) Ricotta
1 Ei
⅓ Tasse oder 2–3 gehäufte EL (30–40 g) Mehl
2–3 EL fein geschnittene Kräuter wie Dill, Petersilie, Kresse, Schnittlauch (siehe Seite 128ff.)
8–10 dünne Scheiben (ca. 100 g) gekochter und fein gewürfelter Schinken
Salz, Pfeffer
Öl zum Braten

Den Ricotta mit Ei, Mehl, Kräutern und Schinken verrühren und würzen.

In einer Pfanne Öl erhitzen, die Mischung esslöffelweise hineingeben, etwas glatt streichen und auf kleiner bis mittlerer Flamme auf beiden Seiten goldbraun braten.

Variationen:

- 2–3 EL geriebenen Emmentaler oder Parmesan unter den Ricotta rühren.
- Süße Taler: Statt Schinken und Kräutern 2–4 EL Beerenmarmelade oder 1 EL Honig oder 1 TL Zucker unter den Ricotta mischen. Falls der Teig durch die Beeren zu flüssig wird, noch etwas Mehl hinzufügen.

Schon gewusst?
Ricotta für alle Fälle

Frischer Ricotta stammt aus der Molke von Kuh- oder Schafsmilch und schmeckt mild und süßlich. Als Brotaufstrich zu Süßem wie Honig und Marmelade ist er ebenso lecker wie mit Kräutern, Räucherlachs oder Krabbenfleisch.

Fürs üppige Urlaubsfrühstück:

Arme Ritter

Eine leckere Frühstücksidee, wenn nur noch altes Weißbrot da ist, die Bäckerei geschlossen oder zu weit entfernt und die Müsli- oder Cornflakes-Packung leer ist!

2 Eier
1–2 EL Milch
Salz
8–16 Scheiben altbackenes Baguette oder Weißbrot
Butter zum Braten
Honig
Ricotta und/oder Beerenmarmelade

In einem tiefen Teller die Eier mit der Milch verquirlen und leicht salzen. Die Weißbrotscheiben in die Eimischung tunken und 3–5 Minuten durchfeuchten lassen, dabei einmal wenden.

In einer Pfanne die Butter schmelzen und die Brotscheiben von beiden Seiten goldbraun braten. Mit Honig, Ricotta und/oder Beerenmarmelade (siehe Seite 77) bestreichen.

Mit einem Klecks Ricottacreme und Beerenmarmelade auf gebackenen Brotscheiben ist ein üppiger Tagesanfang garantiert. Dazu gehört heißer Milchschaum für die Kleinen und ein starker Mokka für die Großen. Die Eierbecher sind aus Eierkarton und von Kinderhand bemalt.

Wurstzipfel-Gemüse-Spieße zum Anbeißen

Locken die Wurstzipfel an den Spießenden die lieben Kleinen zum Reinbeißen, dann stehen die Chancen gut, dass sie auch das Gemüse zwischendrin futtern. Dabei macht Majoran seinem Ruf als aromatisch duftendes Wurstkraut alle Ehre, während Zitronenthymian für die würzige Frische sorgt (siehe Seite 134).

10 Schweinswürste
1 Paprika
2 Handvoll Champignons
½ Handvoll Majoran
½ Handvoll Zitronenthymian
einige Tropfen Olivenöl
Spieße aus Holz, Metall oder kräftige Rosmarinzweige

Würste, Paprika und Pilze in fingerdicke Scheiben schneiden. Die Kräuterblättchen mit dem Öl mischen, Wursträdchen und Gemüse in der Marinade wenden und so auf die Spieße stecken, dass am Ende jeweils ein Wurststück sitzt.

Variation:
Ein aromatisiertes Majoran-/Thymian-Öl verstärkt das Aroma (siehe Seite 100).

Fleischspieß-Klassiker für Grillmeister

1 kg Grillfleisch (Schweinesteak oder -hals, Hähnchenbrust, Lammfilet), in Würfel geschnitten
Spieße

Marinade:
4 EL Öl
4 Knoblauchzehen, klein gehackt
4 EL fein geschnittene Kräuter (z.B. Thymian, Oregano, Rosmarin, Salbei)
Salz, Pfeffer

Die Zutaten zur Marinade verrühren, das Fleisch darin wenden und etwa 10 Minuten zugedeckt marinieren. Auf Spieße stecken und auf dem Grill, im Grill-Wok oder in der Pfanne von jeder Seite braten.

Tipp:
Rosmarinzweige in die Grillglut legen, um das Kräuteraroma zu verstärken.

Variation:
Mit Gemüse: In Scheiben geschnittene Zwiebeln, Zucchini und Paprika abwechselnd mit den Fleischstücken aufspießen.

Schon gewusst?
Rosmarinzweige statt Spieße
Sie haben keine Spieße zur Hand? Vielleicht gedeiht an Ihrem Feriendomizil aber der Rosmarin (siehe auch Seite 133). Sein würziger Geschmack passt ohnehin wunderbar zu kräftigem Fleisch wie Lamm und duftet aromatisch auf dem Grill (siehe Seite 87).

Ein Wurstspieß mit Gemüsestücken lockt auch Kinder zum Reinbeißen.

Diese üppigen klassischen Fleischspieße gelingen bestens auf einem Campinggas-Grillwok (siehe Serviceteil).

Ratatouille-Gemüse mit dem Tau des Meeres

Sie rätseln über den Meerestau? Bereits die alten Griechen besangen ihn, und die alten Römer nannten ihn Ros maris. Übersetzt bedeutet dies »der Tau des Meeres«. Die Rede ist vom Rosmarin (siehe auch Seite 133).

2 Zucchini
2 Paprika, rot und gelb
2 Auberginen
4 rote Zwiebeln
Rosmarin- und Thymianzweige
Olivenöl

Das Gemüse putzen, in etwa gleich große Stücke schneiden und abwechselnd mit kleinen Rosmarin- und Thymianzweigen auf Grillspieße stecken. Mit Olivenöl bepinseln und auf dem Holzkohlengrill grillen.

Lecker als Beilage zu gegrillten Lammkoteletts, die ebenfalls mit Thymian und Rosmarin gewürzt sind

Schon gewusst?
Folienfisch vom Grillrost

In Alufolie garen Fische (kleinere ganze Dorsche, Forellen, Fischfilets, Makrelen) schonend auf dem Grill, ohne auszutrocknen. Dazu die Fische ausnehmen, säubern, mit Zitronensaft beträufeln und darin etwas ziehen lassen, nach Belieben mit Kräutern füllen. In die Alufolienhülle passen neben Kräutern auch Zwiebelringe, Tomaten, Paprika, Zucchini, Auberginen sowie Wurzelgemüse und Pilze (siehe auch Seite 124).

Garnelen mit Limette und Koriander

4–6 Handvoll (500–800 g) rohe, geschälte und geputzte Garnelen (Crevetten)
Spieße

Marinade:
1 rote Chilischote, entkernt fein geschnitten
1–2 Frühlingszwiebeln, klein geschnitten
1–2 EL gehackter Koriander (oder Petersilie)
Saft von 1 Limette oder Zitrone
2–4 EL Öl

Die Garnelen waschen und trockentupfen. Die Zutaten zur Marinade verrühren und die Garnelen darin wenden und kurz ziehen lassen. Dann auf Spieße stecken und auf beiden Seiten grillen.

Variation:
Etwas geschälten Ingwer zur Marinade reiben.

Ist die Scheu erstmal verflogen, gelingt das Ausnehmen von Sardinen auch ungeübten Kinderhänden.

Sizilianisch:

Sardinen mit Fenchelscheiben

Zugegeben, auf den ersten Blick scheint diese Kombination nicht gerade zu passen. Doch sie schmeckt wunderbar würzig und gelingt leicht.

10 kleine Sardinen, ausgenommen
2 Knoblauchzehen, fein geschnitten
1 EL Fenchelsamen
50 ml Olivenöl (½ Tasse)
⅛ l trockener Weißwein
2–3 Fenchelknollen
Salz, Pfeffer
Saft von 1 Zitrone

Die Sardinen waschen und trockentupfen, innen und außen salzen. Den Knoblauch und die Fenchelsamen mit Öl und Weißwein mischen. Die Sardinen wenige Minuten darin einlegen.

Inzwischen die Fenchelknollen in 1 Liter Salzwasser 5 Minuten blanchieren. Mit kaltem Wasser abschrecken und abkühlen lassen. Die Knollen in gut daumendicke Scheiben schneiden und von beiden Seiten salzen und pfeffern.

Die Sardinen und die Fenchelscheiben 10–15 Minuten von beiden Seiten grillen. Bei Bedarf mit der Marinadenmischung betupfen. Anrichten und mit Pfeffer, Salz und Zitronensaft nach Belieben beträufeln.

Aufgepasst:

Ehe Sie die Sardinen auf den Rost legen, diesen dünn mit Öl bestreichen. Die Sardinen über die milde Hitze legen und nach wenigen Sekunden auf dem Rost etwas schieben, so dass sie nicht daran festbacken.

Variation:

Fisch und Gemüse lassen sich auch perfekt in der Pfanne zubereiten: Dazu etwa 10 Minuten langsam braten, ab und zu mit Marinade bestreichen.

Das Rezept schmeckt übrigens auch ohne Fenchelsamen.

Wikingeressen:

Lachssteak in Wacholderbutter

Lachs galt in Skandinavien bis in die Neuzeit hinein als Armeleutespeise. Dieses Rezept ist historisch (bis auf die Aluminiumfolie) und aus der Wikingerzeit überliefert.
Als Beilage eignen sich glasiertes Wurzelgemüse und Brot.

4 Lachssteaks, ca. 2 cm dick
6 Wacholderbeeren, zerquetscht
1 Handvoll klein geschnittener Schnittlauch, Kerbel oder Dill
1 TL Salz
3–4 EL (ca. 50 g) Butter

Den Wacholder mit Schnittlauch, Salz und Butter vermengen.

Den Lachs trockentupfen, die Wacholderbutter darauf verteilen und den Fisch in Alufolie packen. Auf dem Grillrost oder in einer Grillschale 20 Minuten unter gelegentlichem Wenden grillen.

Tipp:

Ans Brett genagelt, zieht der Fisch in Feuernähe rasch durch (siehe Seite 92).

Ein dickes Steak auf dem Grill zu braten erfordert etwas Geschick und Hingabe. Freund Titus verrät, wie's geht.

Der zypriotische Käse namens Halloumi verursacht beim Kauen lustige Quietschgeräusche.

Titus' T-Bone Steak

Sein Auftritt beeindruckt: Wenn unser Freund Titus mit seinem gut 5 cm dicken und etwa 2 Pfund (800–1200 g) schweren T-Bone Steak auf einer Grillparty auftaucht.

Getrocknete Chilischoten, kleine Rosmarin- und/oder Thymianzweige sowie Knoblauchzehen in die Fleischtaschen entlang den Knochen und Sehnen drücken. Dann das Fleisch mit grobem Meersalz bestreuen und dieses mit der flachen Hand festdrücken. Titus' Tipps: »Auf keinen Fall mit dem Messer Schlitze schneiden, sonst läuft der feine Saft später heraus. Und kein feines Salz verwenden, sonst gibt es vor allem in den Fleischtaschen unappetitlich versalzene Stellen.«

Das Steak wird scharf von allen Seiten angebraten, bis es schön braun ist. Dabei das Fleisch auch hochkant auf den Fettrand stellen. Dann mit Bier ablöschen; dazu gibt Titus mit dem Daumen auf der Flaschenöffnung einige Spritzer aufs Fleisch. Dann schaufelt er die Kohle auf eine Seite, um eine heiße und eine warme Grillfläche zu haben. Denn nach 30–35 Minuten Braten muss das Fleisch 5–10 Minuten auf der nur noch warmen Seite ruhen, sonst tritt beim Aufschneiden der Bratensaft aus.

Dann testet der erfahrene Grillmeister den Garzustand mit einem Schaschlikspieß (oder mit einer Gabel): Wenn der Spieß gut lauwarm ist, hat das Fleisch innen etwa 55 Grad, das heißt es ist »medium« oder »lady style«; 50 Grad dagegen bedeutet, dass es innen noch blutig, bleu oder bloody rare ist.« Schließlich kommt das Fleisch auf ein Holzbrett und wird in dünne Scheiben aufgeschnitten. Die Chilis werden zuvor sorgfältig entfernt. Dazu noch ein Bier – und die Welt ist perfekt.

Quietschen erlaubt:
Halloumi

Dieser Käse aus Zypern findet auch in unseren Breiten immer mehr Freunde, da er fast alles mit sich machen lässt: Man kann ihn in der Pfanne braten, frittieren, marinieren, panieren und auf den Grill legen, ohne dass er schmilzt. Die Zyprioten stellen Halloumi aus Kuh-, Ziegen- oder Schafsmilch her und genießen ihn zu den verschiedensten Gerichten früh, mittags und abends. Das Besondere beim Kauen von Halloumi sind die einzigartigen Quietschgeräusche, die vor allem Kindern Freude machen. Halloumi erobert sich in immer mehr Einkaufscentern europaweit neben Feta einen Platz im Kühlregal.

Den Käse in etwa 1½ Zentimeter dicke Scheiben schneiden und auf beiden Seiten in einer Pfanne mit heißem Öl oder leicht geölt auf dem Grill goldbraun braten. Wer den Käse lieber frisch mag, genießt ihn zu Wassermelonen, Trauben und Feigen sowie zu Tomaten und Gurken.

Kartoffelschiffchen über der Glut

8 festkochende Kartoffeln (ca. 500 g)
4–6 EL Gewürzmischung (Salz, Pfeffer, Paprika- und Chilipulver, Kreuzkümmel, Kardamom)
2–3 EL Öl

Die Kartoffeln in Schnitze oder Streifen schneiden und in einer Schüssel in der Gewürzmischung und im Öl schwenken, auf ein Stück Alufolie oder in eine Grillschale legen und 10–20 Minuten goldbraun grillen, dabei mehrmals wenden.

Variationen:

Die Kartoffelstücke auf Spieße stecken oder in Alufolie packen und in die Glut legen.

Zum Abnagen lecker:

Geröstete Maiskolben

4 Süßmaiskolben
4 EL Butter, weich
1–2 EL gehackte Chilischote
2 EL fein geschnittener Koriander
Kerbel oder Petersilie

Die Maiskolben 5–10 Minuten in warmes bis heißes Wasser legen, dann trockentupfen. Die weiche Butter mit Chili und Koriander vermischen und auf die Maiskolben streichen. Die Maiskolben fest in Alufolie wickeln und auf dem Grill rund 30 Minuten garen, dabei mehrmals wenden.

Variationen:

- Grillen mit dem Blättermantel (siehe Seite 91).
- Kochen: Die Maiskolben 5–10 Minuten kochen, dann würzen, mit Butter einreiben und servieren.

Gargano-Bruschetta vom Holzkohlengrill

Sobald der Grill angezündet wird, ist es Zeit, diese schnelle Vorspeise zu bereiten. Das Rezept stammt aus dem Gargano in Süditalien, wo die süßen, knackigen, kleinen Eiertomaten gedeihen. Für Bruschette verwendet man dort gern italienisches Krustenweißbrot.

6–10 sehr aromatische (Eier-)Tomaten, entkernt und gewürfelt
½ Bund glatte Petersilie oder 1 Handvoll frische mediterrane Kräuter wie Basilikum, Oregano und Majoran
2 EL Balsamicoessig
1 italienisches Krustenbrot
4 EL Olivenöl
2–3 Knoblauchzehen, halbiert

Die Tomaten leicht salzen und etwa 15 Minuten stehen lassen, damit sie Saft ziehen, dann die gehackten Kräuter und den Balsamico daruntermischen.

Das Brot in etwa 2 cm dicke Scheiben schneiden, mit wenig Öl beträufeln (so dass es nicht ins Feuer tropft) und auf dem Grill kurz beidseitig rösten. Unsere Kinder spießen das Brot gerne auf Grillspieße, so lässt es sich gut aufnehmen, wenden und zum Tisch zurücktragen. Das geröstete

Durch vorsichtiges Pusten gelingt es, die Glut des Einmalgrills anzufachen. Auf einem eingeölten Dachziegel garen Sardinen auf Rosmarinspießen, während Heuschreckenkrebse (Canocchie) auf Grillspießen Spalier stehen.

Nach einem langen Grillabend zaubert man auf schwacher Glut noch heiße Früchte mit Honig. Mutige mischen zerkleinerte Chili, Pfeffer oder Lavendel in die Honigmarinade.

Brot mit Knoblauch einreiben – Menge nach Gusto – und die Tomatenmischung daraufhäufen.

Variationen:

- Sardelle: Besonders würzig wird die Tomatenmischung mit einer klein gehackten Sardelle.
- Trüffel-, Steinpilz- und Kräuteröle bringen feine Geschmacksnuancen (siehe Seite 100).

Heiße Früchtchen knabbern

- Bananen: 4 Bananen schälen, mit je einem Spritzer Zitrone und 1 TL Honig beträufeln, in Alufolie packen und für rund 5 Minuten auf den Grillrost legen. Lecker auch mit Zitronenzesten und/oder Heidelbeeren.
- Nektarinen: 4 Nektarinen jeweils achteln und in einer Grillschale auf jeder Seite etwa 5 Minuten grillen. Aus 1½ EL Honig, Salz, Pfeffer, entkernter, gehackter, frischer roter Chili eine Marinade rühren und darüber verteilen. Variation: Statt Chili Lavendelblüten nehmen. Lecker schmeckt dazu mit Milch und Honig cremig gerührter Mascarpone.
- Fruchtspieße: Stücke von ¼ Netzmelone, 2 Nektarinen, 2 Bananen, 10 Erdbeeren auf Holzspieße stecken, kurz direkt auf den Rost legen, bis sich Stellen zu bräunen beginnen und dann mit Honig überträufeln.
- Feigen: 8 Feigen entstielen, oben kreuzweise einschneiden und behutsam auseinanderdrücken. Auf dem Rost 3–4 Minuten grillen, bis die Feigenhaut zu bräunen beginnt. Dann auf ein Stück Alufolie oder in eine Aluschale setzen und nochmals 3–4 Minuten grillen, bis das Fruchtfleisch warm und musig wird. Nach Belieben einen Spritzer Rotwein und 1 TL Zucker dazugeben. Inzwischen 10 gehäufte EL Ricotta mit 4–5 EL Honig zu einer glatten Creme verrühren. Die Feigen mit dem Honig-Ricotta anrichten und sofort servieren.

Grillsaucen

Regines Tomaten-Salsa mit Koriander

Unsere Freundin Regine, die uns regelmäßig mit herrlichem, selbstgemachtem Käsekuchen verwöhnt, liebt auch Scharfes: Diese erfrischende Salsa gelingt ihr besonders gut – hier verrät sie ihr Rezept.

2 rote Chilis, entkernt
1 Zwiebel oder Schalotte
6–8 Fleischtomaten
1 Handvoll Korianderblätter (siehe Seite 136)
¼ TL Salz, Pfeffer
Saft von 1 Limette

Alle Zutaten fein schneiden, mischen, mit Salz, Pfeffer und Limette abschmecken.

Erfrischend zum Sirtaki:
Tzatziki

¼–½ Salatgurke, geschält, grob gerieben
1–2 Becher Joghurt (ca. 150–300 g)
1–3 Knoblauchzehen, fein gehackt
1–2 EL fein geschnittener Dill (oder Minze)
Salz, Pfeffer

Die Gurke mit dem Joghurt vermischen, den Knoblauch und die Kräuter dazugeben, mit Salz und Pfeffer abschmecken und etwa 10 Minuten zugedeckt durchziehen lassen.

Minzsauce nach Obelix

Spätestens seit Obelix bei den Engländern sein Wildschwein verschmähte, weil es mit Minzsauce angerichtet war, blicken andere Völker Europas immer wieder kritisch in Englands Kochtöpfe – mit dieser Minzsauce wäre dies nicht passiert!

1 Handvoll Pfefferminze (siehe Seite 133)
1 rote Chili
3 Frühlingszwiebeln
2 TL Zucker
1 Spritzer Limette
½ TL Salz und schwarzer Pfeffer

Alle Zutaten klein hacken und miteinander vermengen.

Aïoli – mit dem Astquirl geschlagen

4–5 Knoblauchzehen, fein gehackt
1 Eigelb
Salz
gut ½ Tasse (100 ml) Olivenöl
Pfeffer
1 EL Zitronensaft

Den gehackten Knoblauch mit dem Löffelrücken zerquetschen oder mit einem Stein zerdrücken (siehe Seite 110). Das Eigelb mit einer Gabel darunterrühren und salzen. Das Olivenöl tropfenweise darunterschlagen, bis eine mayonnaiseartige Creme entsteht. Mit Pfeffer und Zitronensaft würzen.

Lecker zu: Grillfleisch, Weißbrot, Fischsuppe

Eine scharfe Salsa aus Tomaten, Chili, Schalotten und Koriander bringt Schwung für heiße Urlaubspartys.

Fürs Aïoli das Olivenöl tropfenweise unterschlagen – oder wie hier mit einem Astquirl einrühren.

Die Frühlingswiese lädt auch zum Naschen ein: Wildkräuter wie Sauerampfer und Löwenzahnblüten schmecken lecker in Butter (siehe auch Seite 128ff.).

Tipp von Titus (siehe Seite 70):

»Gewürze erst zugeben, wenn die Aïoli fertig ist, sie lässt sich sonst nicht steif schlagen.« Wem die vorgeschlagene Version zu geschmacksintensiv ist, lässt 1–2 Knoblauchzehen weg.

Butter mit Aroma

- Kräuterbutter: 7–8 EL (ca. 100 g) weiche Butter mit 2–3 EL fein geschnittenen Kräutern (wie Thymian, Majoran, Basilikum und Oregano) verkneten. Fein geschnittener Knoblauch (besonders gut zu mediterranen Kräutern) oder 1–2 TL Senf (lecker zu mittel- und nordeuropäischen Kräutern) runden den Geschmack ab.
- Bärlauchbutter: 3 EL klein geschnittene Bärlauchblätter mit 7–8 EL (ca. 100 g) Butter, 1 EL Olivenöl mischen, mit Salz und Pfeffer abschmecken.
- Salbeibutter: 3 EL klein geschnittene Salbeiblätter unter 7–8 EL (ca. 100 g) Butter mischen, mit Salz und Pfeffer abschmecken.
- Estragonbutter mit Kapern: 1 Bund klein geschnittener Estragon, 2 EL klein geschnittene Kapern, etwas Zitronensaft und Salz mit 7–8 EL (ca. 100 g) Butter mischen.
- Schnittlauchbutter: ½ Bund fein geschnittenen Schnittlauch (ca. 4 EL) mit 7–8 EL (ca. 100 g) Butter und Salz mit der Gabel verkneten.
- Blütenbutter: Es gibt viele essbare Blüten, die frisch gezupft und mit weicher Butter verquirlt Ihr Grillgut nicht nur fein aromatisieren, sondern auch optisch einen schönen Akzent setzen. Je nach Verfügbarkeit und Geschmack wählen Sie frische Blüten von Schnittlauch, Thymian, Salbei, Lavendel, Rosmarin, Kapuzinerkresse oder Ringelblume. Ca. 4 EL Blüten auf 7–8 EL (ca. 100 g) Butter, mit der Gabel unter die Butter kneten und gleich servieren.
- Koriander-Orangen-Butter: 7-8 EL (ca. 100 g) Butter mit der abgeriebenen Schale einer unbehandelten Orange und 2 EL frischem gehackten Koriandergrün (oder Petersilie) mischen.
- Gelbe Curry- oder Kurkumabutter: Die Gewürze nach Belieben und Geschmack unter die Butter mischen, eventuell auch zusammen mit Kräutern und Blüten.

(Zu Kräutern und Blüten siehe auch Seite 127ff.)

Kinderleichtes Vergnügen:
Marinierte Erdbeeren

Verwenden Sie möglichst süße Früchte, besonders lecker sind frisch gesammelte Walderdbeeren, aber auch mit Himbeeren schmeckt diese Nachspeise (siehe Seite 120). Für dieses Rezept nur hochwertigen Balsamicoessig verwenden, der langsam gereift, sirupartig und mild ist; er darf keinesfalls scharf essigartig schmecken.

500 g aromatische, süße Erdbeeren (oder Walderdbeeren)
2–3 EL guter, milder Balsamicoessig
2 EL Zucker
frisch gemahlener schwarzer Pfeffer
3–4 Minzeblätter oder Lavendelblüten, klein geschnitten
½–1 Becher (100–200 g) Ricotta
¼ Tasse Milch

Die Erdbeeren waschen und trockentupfen, den Stielansatz entfernen, große Früchte halbieren oder vierteln und in eine Schüssel geben.

Balsamico und Zucker mit einer Gabel verrühren, wenig frisch gemahlenen schwarzen Pfeffer dazugeben und über die Erdbeeren träufeln. Etwa 1 Stunde marinieren.

Kurz vor dem Servieren die Minzeblätter oder Lavendelblüten darübergeben. Den Ricotta mit der Milch sämig rühren und auf Teller verteilen, die Erdbeeren darauflegen und mit einigen Minzeblättern garnieren.

Variationen:
- Statt Minze und Pfeffer gehackte Pistazien verwenden.
- Pur, wie es in Italien beliebt ist: Pfeffer und Minze weglassen.
- Statt Ricotta Mascarpone, Crème fraîche, Quark oder Frischkäse wählen.

Walnussjoghurt mit Pfirsich und Birne

1 großer Becher (500 g) Joghurt
2 EL Rahm
1 EL flüssiger Honig
2 EL gehackte Walnuss- oder Pinienkerne
1 Pfirsich, 1 Birne

Den Joghurt mit Sahne, Honig und Nüssen verrühren.

Die Früchte schälen, in kleine Stücke schneiden und unter den Joghurt ziehen.

Tipp:

Die Walnussschalen lassen sich einfach mit einer dünnen Messerklinge oder mit einem Schraubenzieher (z. B. vom Taschenmesser) öffnen.

Variation:

Walnuss-, Vanille- oder Sahnejoghurt und klein geschnittene Aprikosen und Äpfel verwenden.

Lebensfreude pur:

Feigen in Rotweinsauce

Im antiken Griechenland galten Feigen als Symbol für Lebensfreude und Fruchtbarkeit. Und auch heute noch ist es ein herrliches Erlebnis, auf einer Wanderung im Mittelmeerraum einen Feigenbaum zu entdecken, der voller tiefvioletter oder gelblich-grüner Früchte hängt, die zum Naschen einladen. Feigen sind erfrischend und zuckersüß zugleich, da sie voller Mineralstoffe und Fruchtzucker stecken. Zugleich fördern sie die Darmfunktion und sorgen für eine regelmäßige Verdauung – für einen erholsamen Urlaub nicht unwichtig! Besonders köstlich schmecken reife, rotfleischige Früchte, die eine weiche Schale besitzen und sich leicht drücken lassen.

8 EL Zucker
gut 2 Tassen (400 ml) Rotwein (z.B. Merlot)
2 ungespritzte Orangen, in feine Streifen geschnittene Schale und Saft
6 frische Feigen

Den Zucker in der Pfanne auf kleiner Flamme unter ständigem Rühren karamellisieren, dann mit Rotwein ablöschen und diesen etwas einkochen. Orangensaft und Orangenschalenstreifen beifügen.

Die Feigen halbieren und mit der Schnittfläche nach unten etwa 5 Minuten in der Sauce mitkochen, dann noch warm anrichten.

Variationen:

- Zimt und Nelken zum Rotweinsud geben.
- Getrocknete Tomaten: eine mutige Alternative mit getrockneten Tomaten statt Feigen.

Herbstspaß:

Gedünstete Äpfel mit Walnusssauce

2 große säuerliche Äpfel, wie Boskop
Saft von ½ Zitrone
2 EL Butter
5–6 EL Zucker
gut 1 Handvoll (ca. 100 g) gehackte Walnuss-, Mandel- oder Haselnusskerne
gut ½ Becher (ca. 125 g) Rahm
Zimtpulver
1 Schuss Weißwein

Die Äpfel waschen, das Kerngehäuse entfernen und die Früchte würfeln, mit Zitronensaft beträufeln. 1 EL Butter mit 2–3 EL Zucker in einer Pfanne bei mittlerer Hitze schmelzen; sobald der Zucker braun wird, die Pfanne von der Flamme nehmen und 2 EL Wasser dazugeben. Die gehackten Nüsse einstreuen und etwa 5 Minuten karamellisieren, anschließend mit der Sahne aufgießen und sanft weiterkochen, bis die Sauce sämig ist. Die Sauce in einer Schale beiseite stellen.

Nochmals 1 EL Butter mit 3–4 EL Zucker, etwas Zimt und den Apfelstückchen in die Pfanne geben und leicht karamellisieren, mit einem Spritzer Weißwein auf kleiner Flamme dünsten. Auf Teller verteilen und mit der Nusssauce übergießen.

Aufgepasst:

Die Äpfel nicht zu lange dünsten, sie werden sonst matschig!

Beerengenüsse:

Schnelle Sauce und Urlaubsmarmelade

Was wäre ein Sommer ohne frische Beeren und Früchte: Johannisbeeren, Erdbeeren, Himbeeren, Blaubeeren, Brombeeren verwöhnen den Gaumen frisch, in Desserts oder als Marmelade. Und wenn Sie mit offenen Augen durch die Natur streifen, finden Sie sicher auch selbst leckere Früchte. Damit Sie die saftigen Vitaminbomben erkennen und wissen, worauf Sie beim Sammeln achten müssen, stellen wir Ihnen die häufigsten auf Seite 120ff. vor. Die Beerensauce gelingt auch am offenem Feuer in der Glasflasche (siehe Seite 96).

Beerensauce

2 EL Butter
3–4 EL Zucker
1 große Schale (ca. 500 g) Beeren
Honig oder Zucker

Butter und Zucker in einem Topf schmelzen, die Beeren darunterrühren und auf mittlerer Flamme erhitzen. Die Beerensauce zusammen mit Quark, Ricotta oder flüssigem Rahm servieren.

Selbst gesammelte Blaubeeren (siehe auch Seite 120).

In der Pfanne gelieren Beeren mit ein wenig Zucker in wenigen Minuten zu einer köstlichen Urlaubsmarmelade.

Leckere Früchte: Hagebutten, Holunder und Sanddorn.

In diesem Grießpudding steckt ein Schatz. Wer ihn findet, darf sich was wünschen.

Beerenmarmelade

Mit etwa 30 Prozent Zuckeranteil können Sie schnelle, einige Tage haltbare Marmeladen kochen, die Sie einen Urlaub lang genießen.

1 kleine Schale (ca. 250 g) Beerenfrüchte
knapp ½ Tasse Zucker (ca. 80 g)

Alle Zutaten in einen kleinen Topf geben, die Früchte etwas zerquetschen, etwa 3 Minuten kochen und dabei rühren. Dann in ein Marmeladenglas oder in Schälchen füllen. Hält auch ungekühlt mindestens eine Woche.

Hagebuttenmarmelade

Sehr reife, möglichst große Hagebutten, wie die der Kartoffelrose (Rosa rugosa), aufschlitzen, mit den Fingern die Kerne herauskratzen und die Früchte wie oben beschrieben zu einer Marmelade kochen. Es macht nichts, wenn ein paar Härchen oder Kerne in der Marmelade bleiben.

Besser als ein verschmierter Rucksack:
Schokofondue mit Früchten

Warum nicht aus der Not eine Tugend machen, wenn die Schokolade im Sommer wieder einmal zerfließt? In den Topf damit und erwärmen – das geht auch am offenen Feuer – und einfach Fruchtstücke auf Grillspießen hineintunken. Schleckermäuler werden begeistert sein, und dies umso mehr, als Kleckern im Freien kein Problem ist. Und nach dem sinnlichen Mahl springen alle verschmierten Schokomäuler in den See, in den Bach oder ins Meer … Übrigens auch nachts ein lustiger Partyspaß!

Auf der Jagd nach dem grünen Diamanten:
Indiana-Jones-Grießpudding

Leckere Süßspeise mit einer kleinen Überraschung darin: Wer das Gummibärchen, die Mandel oder das Apfelstück findet, darf in der Hängematte liegen, mit Papa angeln oder muss beim Kochen helfen oder abspülen …

Knapp 3 Tassen (½ l) Milch
2–3 EL Zucker
ca. 6 EL (80 g) Grieß (Weichweizen)
1 Ei
3 EL Honig
abgeriebene Zitronenschale
1 EL Zitronensaft
1 kleines Stück Apfel, 1 Nuss, 1 Gummibärchen o.ä.
eventuell Zimt-Zucker

Die Milch mit dem Zucker zum Kochen bringen und unter Rühren den Grieß einstreuen. Das Ei, Honig, Zitronenschale und -saft hinzufügen und gut verrühren. (Das Rezept gelingt auch ohne Ei.)

Das Fundstück in den Pudding stecken und diesen in eine große Schüssel oder in 4 Portionenschalen geben. Nach Belieben mit Zimt-Zucker bestreuen.

Variation:

Milchreis: Knapp 3 Tassen (½ l) Milch erhitzen, 1 EL Zucker und ¾ Tasse (125 g) Rundkornreis einrühren und den Reis unter gelegentlichem Rühren aufquellen lassen.
Am Schluss das Fundstück hineinstecken und den Milchreis mit Apfelmus servieren.

Kinderleckerei:

Milchschaum mit Kakaostaub

1 Tasse Milch
3 EL Kakaopulver

Die Milch in einem kleinen Topf erwärmen, mit dem Schäumer (siehe Seite 111 und Serviceteil Seite 141) verquirlen, bis ein schöner Schaum entstanden ist. Diesen in Tassen löffeln und das Kakaopulver darunterziehen.

Tipp:

Wer keinen Schäumer hat, versucht es mit sehr kräftigem Schütteln (siehe Seite 111).

Gute-Laune-Trunk:

Kakao mit Chili

Ein Chili-Schoko-Drink wärmt, macht gute Laune und diente bereits den Mayas als Liebestrank. Im Urlaub hilft er über alle Unbill wie Stürme, die das Zelt beuteln, hinweg.

½ l Milch
2½ EL Kakaopulver
1 Msp. Chilipulver
Honig oder Zucker nach Geschmack

Für das Chilipulver getrocknete Chili entkernen und etwas Schale mit dem Löffelrücken fein zerreiben.

Kakaopulver, Chili und Honig in die Milch einrühren, kurz aufkochen und in Becher füllen.

Variationen:

- Koriander: 1 Prise gemahlene Koriandersamen verleiht dem Getränk eine festliche Note.
- Kalorienarm, aber ebenso lecker: Kakaopulver mit Kardamom, warmem Wasser und Zucker mischen und aufkochen.

Schon gewusst?
Glücklich mit Kakao

Kakao löst Glücksgefühle aus, da er den Serotoninspiegel hebt. Dieser beeinflusst nicht nur den Schlaf-Wach-Rhythmus und die sexuelle Lust positiv, sondern vermag auch unser Lebensgefühl allgemein zu verbessern.

Fester Milchschaum erwünscht? Mit einem handlichen Schäumer ist dies auch unterwegs kein Problem (siehe Serviceteil).

Steht der Schaum, dann pulvern Sie nach Belieben noch Kakao oder für Mutige eine scharfe Brise Chili darüber.

Ein perfektes Duo: Avocadostücke im Kaffee sind eine hierzulande bislang kaum bekannte Kombination.

Avocado-Kaffee aus Indonesien

In Indonesien ist es üblich, Kaffee und Avocado zusammen zu genießen – eine leckere Mischung, die hierzulande (noch) kaum einer kennt.

4 Tassen Milch
4–6 TL Instant-Kaffee oder frisch gebrühter Kaffee (dann 2 Tassen Kaffee und 2 Tassen Milch verwenden)
4 TL Zucker
1 Avocado

Die Milch erwärmen, mit Kaffeepulver und Zucker verrühren. In jede Tasse ¼ Avocado geben und mit dem Kaffee zusammen auslöffeln.

Für starke Nerven:
Arabischer Mokka

4–5 kleine Mokkatassen Wasser
1–3 TL Zucker
4–5 gehäufte TL Mokkapulver
1–2 Msp. gemahlener Kardamom

In einem hohen Topf Wasser, Zucker, Mokkapulver und Kardamom verrühren und langsam unter Rühren zum Kochen bringen. Sobald die Flüssigkeit hochsteigt, das Gefäß vom Feuer ziehen und warten, bis die Flüssigkeit wieder zusammensackt, dann ein zweites Mal aufkochen. Nun in jedes Tässchen etwas vom schaumigen Teil hineinlöffeln und dann mit der dampfenden Flüssigkeit auffüllen.

Kraftspender:
Wärmender Ingwertee

Ingwertee bringt verlorene Kräfte zurück und wärmt.

Ein daumengroßes Stück der Knolle schälen, in dünne Scheiben schneiden, in 1 Liter kochendem Wasser kurz aufkochen und etwa 10 Minuten zugedeckt ziehen lassen. Bei Bedarf mit etwas Honig süßen und Zitronensaft dazugeben.

Variationen:
- Zitronenkräuter: Den kochenden Sud über frische Zitronenkräuter (siehe Seite 84) gießen.
- Nach Belieben Zitronensaft und/oder Zitronenschale (von einer ungespritzten Frucht) sowie Kandiszucker dazugeben.

Wilder Beeren-Milch-Trank

Den Saft wilder Beeren wie Heidelbeeren und Sanddorn mit Milch mischen und aufschäumen. Ergibt einen Vitamindrink der besonderen Art! (Siehe Seite 122.)

Grüße von Aphrodite:

Granatapfel-Strohhalm-Trick

Der Granatapfel steckt voller knackiger roter Kerne, die östrogenartige Substanzen enthalten. Die Götterfrucht der Aphrodite symbolisiert aufgrund der vielen Kerne Fruchtbarkeit und Kinderreichtum. Daher ist es in Zypern vielerorts noch Brauch, Frischvermählten die Frucht vor die Füße zu werfen. Je mehr Samen aus der geborstenen Schale quellen, auf umso reicheren Kindersegen darf das Paar hoffen.

Den Granatapfel auf einer festen Unterlage drücken und rollen, dann mit dem Messer ein Loch bohren, einen Trinkhalm einführen und den frischen Saft genießen.

Erfrischender Vitamin-C-Schub

Empfiehlt sich nicht nur nach langen Nächten.

Den Saft von 4 Limetten mit 8 EL Rohrohrzucker verrühren, mit Mineralwasser nach Belieben auffüllen. Nach Geschmack einige zerzupfte Minzeblätter dazugeben.

Variation:
Für den beliebten Cocktail »Mojito« pro Glas 1 Schuss Rum und Eiswürfel (sofern vorhanden) zugeben.

Muntermacher auf Reisen

Auf diesen Muntermacher schwören viele auch für den täglichen Hausgebrauch. Honiglimonade erfrischt an heißen Tagen, ist aber auch als Schlaftrunk beliebt und bekömmlich.

3 TL Honig
2 TL Zitronensaft
1 Tasse Mineralwasser

Honig und Zitronensaft vermischen, mit Mineralwasser auffüllen und schluckweise trinken.

Variation:
Einige Minzeblättchen dazugeben (siehe Seite 133).

Warum Apfelsaft immer nur pur trinken? Eine blühende Holunderdolde verfeinert ihn im Nu. Doch Vorsicht: Schütteln Sie zuvor kleine Krabbelkäfer aus der Blüte!

Ayran mit Minze oder Sirup

1 großen Becher (ca. 500 g) Joghurt mit ¼ l Wasser und Salz nach Belieben mischen. Dann, je nach Geschmack, klein gehackte Minzeblätter darunterziehen.

Lecker schmeckt Ayran auch mit Löwenzahn-Ingwer-Sirup oder mit Gänseblümchen-Vanille-Sirup (siehe Seite 106).

Apfelsaft mit Holunderblüte und Zitronenverbene

Treffen Sie im Frühjahr unterwegs auf blühenden Holunder (siehe Seite 120), zwicken Sie einfach 1–3 Dolden ab, schütteln diese sorgfältig aus und geben sie in 1 Liter Apfelsaft. Falls verfügbar, streuen Sie noch ein paar Blätter Zitronenverbene (siehe Seite 84) und/oder Oregano hinein und lassen Sie die Flüssigkeit ½ Stunde ziehen. Unverdünnt oder mit Sprudelwasser oder Prosecco gespritzt, ergib dies eine feine Frühlingsbowle. Doldenblüte und Blätter bleiben als dekorativer Blickfang im Getränk.

Variation:

Probieren Sie es statt mit Holunderblüten mit 1 Blütendolde Flieder.

Gesund mit Aloe vera

Die dickblättrige Aloe wächst wild und kultiviert im gesamten südlichen Mittelmeerraum, vor allem auf den Kanarischen Inseln und in Spanien. Man trennt einzelne äußere Blätter mit einem scharfen Messer ab und ritzt sie mit dem Messer quer ein, so dass der gelbe, bittere Saft (Aloin) austritt; dieser sollte nicht mit der Haut in Berührung kommen!

Sobald der Saft ausgelaufen ist, das durchsichtige Gel aus den Blättern pressen und zu gleichen Teilen mit Fruchtsäften oder -pürees wie Banane oder Orange mischen.

Erste-Hilfe-Tipp: Bei Insektenstichen, Sonnenbrand, Entzündungen und Wunden das Gel direkt auf die betroffenen Hautstellen schmieren.

Pfefferminze bringt den Magen in Fahrt

Die meisten Teekräuter wie Pfefferminze, Zitronenmelisse und Zitronenverbene schmecken frisch gebrüht besser als getrocknet.

1 l Wasser
1 Handvoll Minzeblätter
2–3 EL Honig, ½ Zitrone

Das Wasser zum Kochen bringen, die Minze hineingeben und bei geschlossenem Deckel 5 Minuten ziehen lassen. Mit Honig und Zitronensaft süßen.

Den Granatapfel auf einer festen Unterlage rollen und einen Strohhalm einführen – fertig ist der originelle Drink für unterwegs.

Bunte Blüten- und Früchteträume

Lavendel-, Rosen-, Rotklee- und Ringelblumenblüten (siehe Seite 127) ergeben zusammen mit Waldhimbeeren, Erdbeerblatt und Pfefferminze einen erfrischenden Tee für heiße Sommertage.

Schon gewusst? Alles Zitrone

Kräuterexpertin und »kraut & rüben«-Redakteurin Katja Holler vom bayerischen Ammersee empfiehlt: »Mit Zitronenkräutern sorgen Sie für Pep an heißen Sommertagen! Ätherische Öle wie Citral, Citronellal, Citronellol und Geraniol komponieren den typisch frischen Zitrusduft, der Körper und Geist anregt, Verstand und Gedächtnis schärfen soll. Rechnen Sie etwa eine Handvoll frischer Kräuter pro ½ Liter Wasser.« (Siehe auch Seite 127ff.)

- Zitronenmelisse: Ein Tee aus den frischen Blättern schmeckt lieblich nach Zitrone; getrocknet oder gekocht verliert das Kraut leider größtenteils sein frisches Aroma.
- Zitronenverbene: Die Blätter behalten ihr edles Zitronenaroma auch nach dem Trocknen und ergeben einen feinen Tee. 5 Blütenrispen pro ½ Liter Wasser.
- Zitronenbasilikum: Die Blätter verströmen ein feines, süßliches Zitronenaroma, das sich bei der Verarbeitung schnell verflüchtigt und einen milden Basilikumgeschmack zurücklässt.
- Zitronen-Duftgeranien: Schon bei sanfter Berührung entfaltet sich das Aroma ihrer Blätter.

Holaidaittijo:

Zitronenwasser und Zitronenobstler

Zitronenzucker (siehe Seite 107) mit Sprudelwasser auffüllen und nach Belieben mit 1 Schuss Obstler aufpeppen. Schmeckt auch ungekühlt.

Rosen-Apfelsaft-Schorle für feine Nasen

Riecht die Rose gut, dann schmeckt sie auch. Pflücken Sie am besten nur Blütenblätter von Rosen, die sich gerade öffnen. Essbar sind sie alle, sie schmecken allerdings verschieden. Vor dem Weiterverwenden in Honig, Limonade, Essig oder einer schnellen Marmelade entfernen Sie die weißen Ansätze der Blütenblätter: Dazu die Blüte mit der linken Hand pflücken, mit der rechten den Blütenboden herausziehen und mit einer Schere alle Blütenblätter unten auf einmal abschneiden.

4 Rosenblüten
¾ Tasse Rohrohrzucker oder Zucker
1 Tasse Apfelsaft oder Wasser (180 ml)

Den Zucker in Apfelsaft oder Wasser einrieseln lassen, verrühren und aufkochen. Dann von der Kochstelle nehmen und die Rosenblüten dazugeben, abkühlen lassen und durch ein Sieb abseihen. Diese Limonadenbasis nach Geschmack mit Mineralwasser, Säften oder Sekt aufgießen.

Stefanies Kullerpfirsich

»Was, Du kennst Kullerpfirsiche nicht!« Meine Freundin Stefanie sieht mich ungläubig an. In ihrer Kindheit in Inning am bayerischen Ammersee war es ein weit verbreitetes Vergnügen für Sommerfeste, Grillabende und vergnügte Kindergeburtstage.

Einen Pfirsich rundherum mit einer Gabel einstechen (dabei schräg immer in eine Richtung stechen). Dann in Sprudelwasser, Apfelschorle, Bowle oder Prosecco geben – und der Pfirsich beginnt dank der Kohlensäurewirbel rund um die Einstiche munter zu »kullern«.

Tipp:
Möglichst kleine und damit besonders drehfreudige Früchte und ausreichend große Gefäße verwenden!

Ein Blütentee aus Lavendel und Ringelblumen erfrischt an heißen Sommertagen: Eine feine Note verleihen zudem frisch überbrühte Waldbeeren und -blätter.

Offenes Feuer: Garen, Grillen, Braten, Backen

Ein Lagerfeuer auf Plätzen, wo es erlaubt ist, wie auf Wiesen, an Stränden oder vor der Hütte, ist immer wieder ein besonderes Erlebnis. Und während Naturfreunde sich von jeher alte Techniken unserer Vorfahren zum Feuermachen und zum Bereiten von Speisen zunutze machen, entdecken mittlerweile sogar Spitzenköche das sogenannte Outdoorcooking als neuartiges Erlebnis für ihre Gäste. Man trifft sich in der freien Natur, um unter Verzicht auf viel Technik auf ungewöhnliche Art etwas Feines mit dem unnachahmlichen Hauch des exotisch Wilden zu zaubern. Tun Sie es ihnen gleich und versuchen Sie es auch – denn unter freiem Himmel schmeckt es nochmal so gut …

(Weitere Angaben zu verschiedenen nützlichen Utensilien und Hilfsmitteln, wie etwa den Dutch oven, zusammenlegbare Grillroste, Stockbrothalter usw., finden Sie im Serviceteil, Seite 140/141.)

Anzünder aus der Natur

- **Harz:** Das Harz der Nadelbäume ist ein idealer Anzünder. Man findet es an Bäumen, deren Rinde verletzt ist. Ist das Harz noch recht flüssig, kann man es mit einem Taschentuch sammeln, trockenes und hartes Harz lässt sich einfach abbrechen.
- **Zunder:** Ob Heu oder dürres Gras, trockenes Laub, Sägespäne oder Birkenrinde – es gibt viele natürliche brennbare Materialien. Unsere Vorfahren nutzten auch verlassene Vogelnester, die Flugsamen des Löwenzahns oder die der Disteln, die im Spätsommer reifen: Die Samen werden zwischen den Handflächen zu einer walnußgroßen, trockenen Kugel gerollt und zusammengepresst.
- **Zunderschwamm:** Bereits Ötzi hatte ihn bei sich. Als Schwäche- und Wundparasit gedeiht dieser Baumpilz (Fomes fomentarius) an älteren, aber auch an jungen, beschädigten Stämmen von Birken, Ahorn, Erle, Hainbuche, Hasel, Esche, Pappel und Eiche. Der obere und der innere trockene Teil muss ganz fein geschält oder zerrieben werden (er ist im getrockneten Zustand recht hart). Die unteren Lamellen sind nicht zu gebrauchen.
- **Fuzz-sticks:** Dazu werden dünne, trockene Äste mit einem Messer oder Schäler eingeschnitten, so dass sich das abgeschälte Holz als Locke aufrollt.
- **Streichholztipp:** (von Erwin Leinfelder): »Abgebrannte Streichhölzer unterwegs immer aufheben; am besten steckt man sie verkehrt herum in die Schachtel oder Dose zurück. Vor allem beim Feuermachen im Regen sind die kleinen, trockenen Hölzchen ein wertvoller Zunder.«

Aufgepasst:
Wichtig ist, dass die Anzündmittel möglichst klein zerrieben oder zerbrochen werden. Je größer ihre Oberfläche ist, desto eher entzünden sie sich. Die Zutaten werden also gesammelt, zerkleinert und vermischt. Und das geht auf Wanderungen auch prima in der Hosentasche.

Der Platz fürs Lagerfeuer

Offene Feuerstellen finden sich europaweit, häufiger in nördlichen Ländern, an fürs Feuermachen genehmigten Plätzen. Im Mittelmeerraum sind sie wegen der höheren Waldbrandgefahr selten. Entfachen Sie niemals ohne Genehmigung Feuer, fragen Sie beim Förster oder bei Ortsansässigen nach, welche Bestimmungen gelten. Machen Sie kein Feuer in der Nähe eines Felsens, dieser könnte abgesprengt werden. Zündeln Sie auch nie unter Bäumen, neben einem Feld oder nahe bei Gebäuden; auch auf Torfboden sollte man aufs Feuermachen verzichten, denn unter der Erde kann es noch lange Zeit weiterbrennen. Am sichersten ist ein mineralischer Untergrund, wie Sand, Kies, Stein und Geröll, möglichst in Wassernähe.

Holz finden

Wenn die Feuerstelle gefunden ist, muss man zunächst Feuerholz sammeln, sofern man nicht einfach auf Holzscheite aus dem Handel zurückgreift oder trockene, nicht imprägnierte Hölzer wie Latten verfeuert. Echte Outdoor-Freunde machen sich im Wald auf die Suche nach Feuerholz: Trockene, fingerdicke Äste von Weichholz wie Fichte, Birke und Sträuchern wie Holunder eignen sich gut zum Einfeuern; Hartholz wie Buche und Eiche legt man erst auf, wenn das Feuer gut brennt und die Glut möglichst lange währen soll.

Feuerstellen bauen

Es gibt beim Feuermachen verschiedene Hilfen und Tricks. Zunächst sollte die möglichst windgeschützte Feuerstelle von brennbaren Materialien wie Moos und Blättern freigeräumt werden; als Unterlage legt man Steine auf den Boden, und für alle Fälle stellt man Wasser bereit. Immer nur trockene Steine verwenden, nasse Steine können in der Hitze zerspringen. Eine Feuerstelle zum Kochen eher klein, bis zu einem Quadratmeter Fläche anlegen. Das Feuer stets von der Windseite her anzünden.

- **Feuertipi:** Stöcke gegeneinander stellen, in der Mitte liegt das Feuernest, der Zunder oder der Anzünder. An einem solchen hohen Feuer kann man sich gut wärmen oder Fisch und Fleisch am Brett grillen. Hierzu ist es ideal, das Feuer nahe einer Steinmauer oder Steilwand zu errichten, um das Grillgut anlehnen zu können. Man spricht dann von einem sogenannten Reflektorfeuer, da die aufgeheizte Wand Wärme abstrahlt. Ansonsten stützen Sie das Grillgut mit einer Dreistabkonstruktion aus Stecken ab.
- **Balkenfeuer:** Hier entfachen Sie Feuer zwischen massiven, dicken Holzbalken oder Stammstücken, die später in die Glut geschoben werden können. Die Holzbalken können zunächst auch als natürliche Ablagefläche für Töpfe, Pfannen und das Essen und vielleicht sogar als Sitzgelegenheit dienen, je nachdem wie lang die Baumstämme sind. Liegen sie dicht genug beieinander, können Sie auch einen Grillrost auflegen oder sogar die Pfanne direkt auf den Stämmen auflegen. Achtung: Am Schluss das Feuer unter den verbliebenen Balken besonders sorgfältig mit genügend Wasser löschen!
- **Feuerstern:** Ideal für kleine Feuerstellen und Feuer, die lange brennen sollen. Dazu zunächst die Glut mit Weichholz entfachen, dann möglichst Hartholz wie

Buche und Eiche sternförmig auslegen und die Holzscheite von Zeit zu Zeit in die Glut nachschieben.

- **Pfannenfeuer:** Ein Loch von etwa 50–90 cm Durchmesser etwa 20–30 cm tief in die Erde graben, dabei zugleich eine etwa 30–40 cm lange gleich tiefe oder etwas flachere Rinne ziehen. Den Boden mit einer dicken Lage Steine bedecken. Dann Hölzer ins Rund legen, das Feuer entfachen, die Glut abwarten und diese mit einem Stock bis zur Rinne ziehen. Hier können Sie jetzt Töpfe wie den Dutch oven zum Kochen direkt auf die Glut stellen oder zuvor einen Grillrost über die Rinne legen.
- **Feuerschale und -korb:** In einer flachen, feuerfesten Schale eine Glut erzeugen. Als kleines Feuer für schnelles Kochen unterwegs gut zusammen mit kleinen, zusammenlegbaren Grillrosten geeignet (siehe Serviceteil). Feuerkörbe besitzen meist einen Rost zum Aufstellen von Töpfen oder zum Auflegen von Grillschalen.

Gestelle für Töpfe und Kessel bauen

- **Dreifuß:** Drei Holzstangen oder -bretter im oberen Viertel mit fester Schnur oder Draht zusammenbinden oder Astgabeln ineinanderstecken. Es gibt auch fertige Gestelle zu kaufen wie den legendären gusseisernen Dutch Oven, ein Gefäß, das am Dreibein in der Glut hängt oder auf drei Beinen sicher in der Glut steht. Der Topf eignet sich auch gut zum Brotbacken.
- **Querträger:** Zwei Astgabeln auf je einer Seite des Feuers in den Boden rammen, als Querträger einen Ast einhängen. Die Kessel am besten mit Eisenketten über das Feuer hängen, da Schnüre leicht durchbrennen.

Grillrost selbst bauen

Sie haben den Grillrost vergessen? Für echte Outdoor-Freaks kein Problem: Suchen Sie einfach ein paar fingerdicke trockene Äste und binden Sie diese mit Ranken, Wurzeln oder Paketschnur zusammen. Spannend ist dann beim Grillen, was eher gar ist: der Rost oder die Auflage ...

Schon gewusst? Einfach und platzsparend sind ausziehbare Mini-Grillroste, die zusammengeklappt nicht größer als eine dicke Zigarre sind, oder faltbare Miniöfen, die sich mit Holzstücken jeder Art füttern lassen.

Wenn das Feuer nicht zieht ...

... stülpen Sie einfach eine leere Blechdose (ca. 15 cm Durchmesser) über die Glut. Damit erhalten Sie einen Kamineffekt: Die Glut entwickelt sich viel schneller. Diese

Oben: Anzünder aus der Natur: Flechten, Moose und trockene Hölzer. Unten: Eine Blechdose hilft, die Glut zu entwickeln.

»Dampflokomotive« à la Jim Knopf finden auch die Kleinen spannend. Es gibt übrigens auch käufliche Produkte mit Henkel.

Nie mehr nasse Streichhölzer

Allzeit wasserdicht und bruchsicher verstaut sind Streichhölzer in kleinen Kunststoffdosen, wie jenen der immer seltener werdenden Kleinbildfilme. Die Reibefläche gleich mit in die Dose geben, allerdings immer mit der von den Streichholzköpfen abgewandten Seite.

Auf glühenden Kohlen

Auch auf Feuerstellen in der freien Natur können Sie natürlich mit Grillkohle eine Glut entfachen. Oder Sie legen Alufolie auf Beton- oder Natursteinbeläge, dann schütten Sie Grillkohle darauf und umgeben Sie die Feuerstelle mit Findlingssteinen, Pflastersteinen (z.B. aus Granit, Klinker, Ziegel oder Betonsteinen). Bei kleinen Feuerstellen dienen die Steine als Auflage für den Grillrost.

Räuchern mit Wacholderzweig und Co.

Duftende Zweige aromatischer Kräuter und Sträucher, die Sie in die Glut legen, sprechen nicht nur unsere Nasen an und sorgen für aromatische Düfte – viele Speisen schmecken dadurch auch besser: Wacholderzweige aromatisieren Fisch, duftender Rosmarin und Lavendel geben Lammfleisch eine feine Note, Schweinespießchen schmecken mit Salbei und/oder Oregano- und Majoranduft erst richtig lecker. Aber Vorsicht: Gehen Sie sparsam mit frischem Räuchergut um, sonst raucht es mehr als Ihnen vielleicht lieb ist. Stülpt man einen umgedrehten Tontopf über das Grillgut, fängt man noch mehr Aroma ein!

Ende des Spektakels

Es versteht sich von selbst, dass man Feuerstellen niemals unbeaufsichtigt lässt und die Glut, wenn sich der Abend dem Ende zuneigt, langsam ausgehen lässt oder mit Wasser oder Sand sorgfältig löscht und sicherstellt, das sie nicht mehr glimmt. Achten Sie auch auf Wurzeln und andere Pflanzenteile, die die Glut halten und weiter verbreiten können. Stochern Sie mit einem Stock auf dem Boden und zwischen den Steinen, damit das Wasser nach unten abfließt. Entfernen Sie die Steine um die Feuerstelle und decken Sie rußige Stellen zu, denn oberstes Outdoor-Gebot ist: Keine Spuren hinterlassen!

Kochen am offenen Feuer

Pfanne über dem Feuer

Für schnelle Gerichte, etwa um Speck, Eier oder frisch gesammelte Pilze zu brutzeln, können Sie eine Pfanne auch direkt über ein kleines Feuer halten oder auf die Glut setzen. Vorsicht: Keine Pfannen mit Kunststoffgriff und keine sich schnell verformenden Leichtmetall-Alupfannen verwenden! Lieber auf Stahlpfannen und Email-Geschirr zurückgreifen. Es gibt im Wanderzubehör auch flache Pfannen mit zusammenklappbarem Stiel und Holzgriff.
In ihnen lässt sich wunderbar Fladenbrot oder auch frisches Gemüse brutzeln.

Töpfe auf und über der Glut

Töpfe zum Garen von Fleisch und Gemüse und zum Kochen von Tee, Kaffee oder Suppe direkt auf die Glut stellen. Es gibt Töpfe mit Dreibein oder kleine, klappbare Metallroste, die für einen stabilen Stand sorgen.

Eine altbewährte Methode ist es, Töpfe an einem Dreibein über die Glut zu hängen.

Oben: Ein Gusseisentopf wie aus der amerikanischen Pionierzeit, mit Dreibein und zum Einhängen an eine Eisenkette.
Unten: Flachgeklopftes Thymianhuhn mit Maiskolben.

Flaches Rosmarin-Hähnchen vom Rost

Über offenem Feuer können Sie sogar in kurzer Zeit ein ganzes Hähnchen braten. Allerdings sollte es dafür möglichst flachgedrückt sein – eine Aufgabe, die auch der Metzger beim Kauf übernimmt. Anschließend schneiden Sie die Blätter von 2–3 Rosmarin- und/oder Thymianzweigen klein und vermengen sie mit etwa 125 g Butter. Fahren Sie mit den Fingern zwischen Haut und Hähnchenfleisch, am besten beginnen Sie dabei am Nacken, und verteilen die Butter auf dem Fleisch. Mit der restlichen Butter die Haut außen bestreichen, salzen und pfeffern. Das Hähnchen auf dem Rost braten, dabei alle 5–6 Minuten wenden, nach etwa einer halben Stunde ist es fertig.

Maiskolben im braunen Blättermantel

Lecker zum Hähnchen auf dem Rost sind Maiskolben, noch »originalverpackt« im Blättermantel, die Sie einfach auf den Rost legen. Durch die schützende Hülle bleiben die Maiskörner wunderbar saftig, vor allem wenn sie die Blätter oben an der Spitze mit einer Schnur zusammenbinden, damit kein Saft herausläuft. Fertig gegart sind sie, sobald der Blättermantel rundherum dunkelbraun geröstet ist. Kurz abkühlen lassen, entblättern, mit (Kräuter-)Butter bestreichen, salzen und genießen. Ältere, trockenere Maiskolben vor dem Braten 5 Minuten in warmes Wasser legen.

Brutzeln am Stock

Am Stock brutzeln Würstchen, Kartoffeln in Alufolie, marinierte Fleischstreifen oder -bällchen, Gemüse, Stockbrot und als berüchtigte, aber trotzdem leckere Nachspeise Marshmallows. Das Grillgut einfach auf einen angespitzten, entrindeten Stock von Bäumen und Sträuchern aufspießen. Nur Äste von Bäumen verwenden, die man als ungiftig kennt.

Schlangenbrot, Knüppelkuchen oder Stockbrot

Den Brotteig um die entrindeten Stöcke schlingen, winden, flechten oder falten – Hauptsache, Sie tragen nicht so dick auf, dass das Backwerk innen roh bleibt. Den Stock nicht zu nah an die Flammen halten, sonst färbt sich nur der Teig rußig-schwarz.

3 Tassen (ca. 500 g) Mehl
¼–½ Hefewürfel oder 1–2 TL Trockenhefe,
1 TL Zucker
gut 1½ Tassen (ca. 280 ml) Wasser
1 TL Salz
1 EL Öl (z.B. Oliven-, Sonnenblumenöl)

Das Mehl in eine große Schüssel geben, in der Mitte eine Mulde formen, in diese die Hefe bröseln, den Zucker und wenig handwarmes Wasser dazugeben (bei Trockenhefe alle Zutaten einfach miteinander mischen); zugedeckt rund 5 Minuten an einem warmen Ort gehen lassen. Dann das Salz beifügen und alles mit den Händen zu einem Teig kneten; zugedeckt wieder etwa 15 Minuten gehen lassen. Dann kleine Teigstücke abtrennen und zu 15 cm langen Rollen formen. Diese um den Stock winden.

Variationen:

- Basilikum oder andere Kräuter in aromatisierten Ölen wenden, salzen, pfeffern und unter den Brotteig kneten; sie sollten möglichst nicht herausschauen, sonst verbrennen vor allem weichlaubige Kräuter leicht.
- Speck- oder Käsewürfel unter den Teig mischen.

Schon gewusst?

Es gibt Stockbrothalter mit Metallwendel: Das Grillgut wie Stockbrot, Grillfleisch, Wurst oder Schaschlik einfach in die Wendel stecken, kneten oder aufspießen. Sobald es gar ist, wie bei einem Korkenzieher aus der Wendel drehen. Vorsicht, am heißen Metall verbrennen sich nicht nur hungrige Kinder leicht Finger und Münder.

Fisch am Brett

Weichholzbretter oder dünne Baumscheiben (z.B. aus Fichtenholz) mit Öl einreiben (aromatische Öle, siehe Seite 100f.). Fischfilets – am besten geeignet sind solche von fetthaltigen Fischen wie Makrele, Lachs oder Sardinen – salzen, pfeffern und aufs Brett nageln. Den Fisch neben der Glut je nach Dicke des Fisches und je nach Entfernung zum Feuer 10–30 Minuten räuchern und garen. Da die Bretter in einem Winkel zum Feuer stehen und daher der Fisch möglicherweise ungleichmäßig gart, ist es empfehlenswert, die Brettchen alle 5–10 Minuten zu wenden.

Erwin Leinfelder, der vor rund 48 Jahren im finnischen Teil Lapplands, nahe der russischen Grenze, wochenlang in der Wildnis zwischen Bären und Wölfen unterwegs war: »Stets hatten wir zwei bis drei dünne Fichtenholzbrettchen im A4-Format im Rucksack: Frisch gefangene Äschen packten wir am Schwanz, filierten sie roh und nagelten die Filets mit selbst geschnitzten Wacholder-Holzstiften an die Bretter. Dann stellten wir diese auf den Boden, stützten sie mit Stöckchen möglichst steil zur Glut hin ab und brieten den Fisch in kurzer Zeit. Gegen Ende kam ein Wacholderzweig in die Glut, um den Fisch zu aromatisieren.«

Forellen grillen wie die Trapper

Der Fisch ist frisch gefangen, doch der Grillrost fehlt – macht nichts! Suchen Sie etwa kleinfingerdicke Äste von ungiftigen Bäumen oder Büschen (z.B. Haselnuss), schneiden Sie diese in lange Stücke und spießen Sie die ausgenommenen, mit einem Kräuterölgemisch marinierten Fische vom Rachen her bis zum Schwanz der Länge nach auf. Rechts und links vom Feuer werden Stöcke mit Astgabeln in die Erde getrieben und die Fischspiesse darin eingehängt. Der Fisch sollte mindestens 10 bis 15 cm über der Glut hängen, bei Bedarf umdrehen; kleinere Fische garen auch ohne Drehen gut durch.

Braten am Spieß

Auf Grillspieße, angespitzte Stecken oder Kräuterzweige, etwa von Lorbeer und Rosmarin, können Sie nach Belieben kleine Fische oder Fischfilets, Fleisch, Käse oder Meeresfrüchte stecken und direkt neben dem offenem Feuer in die Erde rammen, um das Grillgut so zu braten. Sie können das Grillgut sogar im gebührenden Abstand von etwa 10 cm rund um einen Einweggrill aufstellen. Vor allem Garnelen (Crevetten) und ihre Verwandten garen trotz ihres schützenden Mantels so in Windeseile. Achten Sie darauf, den Spieß alle 2–3 Minuten einmal um 180 Grad zu drehen.

Unser Favorit: Rosmarinzweige mit darauf aufgespießtem Ziegenkäse, den Sie zuvor mit Speck umwickeln, dazu in Olivenöl getränktes Weißbrot und Knoblauch, die ebenfalls in 10–12 Minuten bräunen – ein Hochgenuss für Outdoor-Gourmets!

Dampfender Erdofen

Das sanfte Garen im dampfenden Erdloch ist weltweit in verschiedenen Kulturen bekannt: In der Wüste umhüllen Beduinen Lammfleisch mit Lehm und garen es so in der Glut, während in Hawaii ganze, in Bananenblätter gehüllte Spanferkel in den Erdofen, Imu genannt, kommen. Auch in der Mongolei ist das Braten im dampfenden Erdloch bis in die heutige Zeit verbreitet. Für die wilde Küche unterwegs eignen sich für diese Methode auch Pfannenfeuer (siehe Seite 90), wobei die Glut im Loch mit Gargut, Steinen und Erde zugeschüttet wird. Auf das Prinzip des sanften Garens und Bratens setzt auch eine alte kroatische Methode: Dabei kommt Fleisch und Gemüse gemeinsam unter eine Gusseisenglocke und wird rundum mit Glut bedeckt.

Solcherart sanftes Garen ist besonders schonend, wertvolle Inhaltstoffe bleiben erhalten und das Fleisch wird immer schön mürbe. Und egal, wie oft Sie es probieren – das Kochen im Erdloch ist immer ein Erlebnis. Am besten fangen Sie klein an, vielleicht mit einem Fisch, einem Hühnchen, einer Kaninchen- oder Lammkeule, die Sie außer in Alufolie auch in Salzteig packen können. Wenn Sie dann vielleicht Stunden später an den Ort des Geschehens zurückkommen, gilt es, sich zu erinnern, wo Sie das Essen vergraben haben ... Am besten, vor allem auch um die Glut nicht unbeaufsichtigt zu lassen, sollte immer jemand vor Ort bleiben.

So geht's: Eine etwa 40–60 cm tiefe Erdgrube, je nach Größe und Dicke des Garguts, ausheben und darin ein starkes Feuer entzünden. Dann das Loch mit großen Steinen abdecken. Beim Verbrennen sackt das Holz zusammen mit den Steinen in die Grube. Darauf kommt das gut verpackte Gargut, und darüber schütten Sie Steine und Erde, bis die Grube wieder ausgefüllt ist. Einige Stunden später ist alles gar.

Rezept Salzteig: 2½ Tassen (ca. 400 g) Mehl, 1⅓ Tasse (ca. 400 g) Salz, gut ⅔ (ca. 150 ml) Wasser miteinander verkneten, ruhen lassen, dann etwa 1–2 cm dick auf einem Holzbrett mit einem Glas oder einem henkellosen Becher ausrollen. Das Gargut darin einschlagen, in die Glut geben und rundherum damit bedecken. Nach einigen Stunden nehmen Sie die dunkel geröstete Kugel aus der Glut und

schlagen Sie mit einem Stein auf. Sollte das Grillgut noch nicht gar sein, können sie es in Alufolie wickeln und erneut ins Feuer geben.

Alutüten in der Glut

Fleisch, Kartoffeln, Gemüse, Fisch oder Obst, nach Geschmack gewürzt oder mariniert, in starke Alufolie packen (die glänzende Folienseite liegt innen, an den Rändern mehrfach einschlagen) und in die Glut geben. Darauf achten, dass die Folie keine Löcher bekommt. Glut darüberhäufen und abwarten. Für größere Fleischstücke Glut und Erde auflegen.

Brutzeln auf der Platte

Statt einen Rost zu verwenden, legen Sie eine gut gereinigte und gebürstete Waschbetonplatte wie eine Gehwegplatte (30 x 30 cm, 1–3 cm dick) auf die Glut. Sobald der Stein schön heiß und damit auch keimfrei ist, pinseln Sie ihn mit aromatisierten Ölen (siehe Seite 100f.) oder Speiseöl ein und legen das Gargut direkt darauf: ob Fleisch-, Fisch- oder Gemüsespieße, mariniertes Gemüse, Pilze oder Früchte wie Ananasscheiben und Fruchtspieße garen so unter gelegentlichem Wenden in kurzer Zeit. Sie können sogar ganze Fische darauflegen, diese aber besser auf einem Kräuterbett, damit sie nicht anbrennen. Auch Fladenbrot brutzelt auf der Platte ebenso gut wie auf heißen Steinen oder auf Tonplatten (siehe Rezept Bannock, Seite 95).

Wichtig: Beim Berühren der Platte die Hände am besten mit Handschuhen oder Lappen schützen.

Tipp: Verwenden Sie keine feuchten Platten, diese könnten springen.

Die richtige Garzeit finden Sie mit etwas Experimentieren selbst heraus, sie variiert je nach Abstand zum Feuer und Beschaffenheit des Grillguts.

Variation: Statt einer Betonplatte einen Dachziegel (Biberschwanzziegel) verwenden.

Auf dem Dachziegel gegart:

Forelle auf Majoran- oder Zitronenmelissen-Bett

Wenn Sie Fisch auf ein Kräuterbett legen, ist das zarte Fleisch nicht nur besser vor dem Verbrennen geschützt, es wird zugleich auch aromatisch geräuchert: Legen Sie dazu den Fisch auf frischen Kräuterbüscheln, etwa von Majoran, Zitronenmelisse, Thymian, Petersilie oder Fenchel, auf den Dachziegel und legen diesen dann auf die Glut.

Eine weitere Variante ist, einen zweiten Dachziegel über den Fisch legen, dann gart er schneller durch. Eine etwa 1 kg schwere Forelle braucht 15–20 Minuten für jede Seite. Sobald sich die Rückenflosse leicht löst, ist der Fisch gar. Zusammen mit knusprigem, in Butter leicht angebratenem Brot und Zitronenscheiben ist dies ein leckeres Outdoor-Gericht!

Sardinen am Rosmarinspieß

Sardinenfilets mit der Haut nach außen aufrollen und auf Rosmarinspieße stecken. Jeweils eine Zitronenscheibe und Brotstücke, die Sie zuvor mit wenig Öl beträufelt haben, mit auf den Spieß stecken. Etwa 5–10 Minuten garen, ohne zu wenden.

Brot backen im Topf

Das Brot bäckt hier in einem Topf mit Deckel, der ebenfalls mit Glut belegt ist. Besonders gut funktioniert die Methode mit gusseisernem Material (siehe Seite 90). Wichtig ist, dass die Unterhitze nicht zu stark ist, da sich sonst auf der Unterseite rasch eine schwarze Kruste bildet, während das Brot sonst teigig bleibt. Wer nur dünnwandige Töpfe zur Verfügung hat, nimmt einen möglichst großen Topf und verteilt auf dem Topfboden eine dünne Schicht sauberer, kleiner, etwa halb hühnereigroßer Steine. Beim Backen darauf achten, dass das Brot möglichst nicht bis zu den Seitenwänden aufgeht, wo es rasch bräunt. Man kann den Topf auch rundherum mit Glut bedecken, das Backen erfordert dann aber etwas Übung. Als Teig verwenden Sie den im Schlangenbrot-Rezept, Seite 91 beschriebenen.

Variationen: Frische Kräuter wie Basilikum, Rosmarin, Thymian, Salbei, Bärlauch (siehe Seite 128ff.) oder Oliven, getrocknete Tomaten, Zwiebeln, Nüsse oder Schinkenwürfel, Salami sowie Sardellen, alles klein geschnitten, zugeben. Als süße Varianten schmecken auch Beeren und Rosinen.

Das Pfannenbrot der Wildnis:

Bannock oder Focaccia

Wildnis-Urlauber nennen es nach dem gleichnamigen Indianerstamm auch »Bannock«: Fladenbrot aus Mehl und Wasser, das mit Fett in der Pfanne gebraten wird. Wichtig ist, dass der Teig beim Kneten schön weich ist und nicht mehr an den Fingern klebt. Als Rezept verwendet man das vom Schlangenbrot, dessen Teig sich wunderbar auseinanderziehen lässt.

Variationen:
- Hauchdünnes Pizzabrot braten und mit Käse und Kräutern, Speck oder Wurst nach Belieben belegen.
- In den Teig Rosinen, Honig und Nüsse geben.

Hüttenmahl: Brot aus dem Topf, Lammfleisch aus dem Erdofen, Blaubeeren und Tee aus frischen Kräutern.

Diese gewölbte mongolische Eisenpfanne können Sie zum Fladenbrotbacken einfach auf die Glut stellen.

Fladenbrot auf heißen Steinen

Diese älteste und noch heute weltweit verbreitetste Form des Brotbackens ist kinderleicht und macht zudem viel Spaß. Praktisch: Beim Fladenbrot erübrigen sich Teller und Besteck, und es lässt sich äußerst abwechslungsreich zubereiten und verwenden.

So geht's: Einen eher flachen, glatten, trockenen und sauberen Stein auf der Oberseite mit Öl einreiben (es geht auch ohne), dann in die Glut legen und erwärmen – schon steht die natürliche Herdplatte bereit. Einen Teig wie beim »Bannock« beschrieben zubereiten, den Teigklumpen im Kreis drehend vorsichtig mit den Händen zu einem dünnen Fladen ziehen, auf den geölten Stein legen und backen, bis er schön gebräunt ist, Blasen wirft und sich vom Stein löst, dann wenden.

Vorsicht: Vor dem Hineinbeißen auf Steinabrieb, wie er vor allem bei weichem Gestein wie Kalksandstein vorkommt, kontrollieren.

Ganz leicht gelingt das Brot auch auf einem eingeölten, flachen Dachziegel. Als Rezept dient auch hier der Schlangenbrot-Teig (siehe Seite 91).

Variationen:

- Klein geschnittene Kräuter unter den Teig mischen, auf den fertigen Fladen aromatische Öle (siehe Seite 100f.) träufeln. Schmeckt ausgezeichnet auch mit Fleisch, Fisch, Salat oder Gemüse als Belag.
- Könner backen ihr Fladenbrot auch direkt in der heißen, weißen Asche und klopfen diese danach einfach ab.
- Der Teig lässt sich auch schön auf einer in der Mitte nach oben gewölbten mongolischen Eisenpfanne backen.

Heiße Flaschentricks

Verwenden Sie hierzu nur feuerfeste Gefäße mit weitem Hals, wie sogenanntes Jenaer Glas, das sich im Feuer kaum ausdehnt. Ungeeignet sind Marmeladengläser, die zwar Hitze aushalten, aber doch platzen können, und deren Gummiring im Deckel in der Glut rasch schmilzt. Auf Experimente sollte man verzichten, da sie wortwörtlich ins Auge gehen können! Unbedingt empfehlenswert ist, immer ein Loch in den Deckel zu bohren, um entstehenden Überdruck zu verhindern.

- **Wilde Beerensauce:** Himbeeren, Brombeeren, Heidelbeeren, Preiselbeeren, einzeln oder gemischt, nach Belieben zuckern und in die Flasche füllen. Diese so nah an oder in die Glut stellen, dass der Inhalt kocht. (Siehe Rezept Seite 78)
- Ratatouille in Flaschen füllen und auf die gleiche Art garen (siehe Rezept Seite 52).

Aufgepasst: Die angegebenen Garzeiten variieren je nach Hitze der Glut, je nach Abstand zum Feuer, je nach Dicke und Größe des Grillguts und nach den äußeren Faktoren wie Wind und Wetter. Doch mit etwas Erfahrung erkennen Sie rasch, wann die Zeit des Genießens gekommen ist.

Hüttenglück: Einfach gut leben.

Leckere Geschenke: Aromatische Öle, Essige & Co. selbst ansetzen

Mit selbst gesammelten oder gekauften Würzkräutern, die Sie in Öl, Essig, Wein oder Alkohol konservieren, können Sie die Düfte und Aromen des Urlaubs einfangen, um sie bereits unterwegs zu genießen oder nach Hause mitzunehmen. Solche selbstgemachten Urlaubs-Souvenirs sind liebenswerte Geschenke, die in dekorative Flaschen gefüllt und mit bunten Tüchern und Kordeln verziert, hübsch anzusehen sind. Für die folgenden Rezeptvorschläge braucht man nur selbst gesammelte oder gekaufte Pflanzenteile in Flaschen zu geben und mit Flüssigkeit zu übergießen. Achten Sie darauf, dass das Erntegut ausreichend mit Öl, Wein oder Hochprozentigem bedeckt ist, damit es nicht schimmelt. Eine Kühlung ist dann nicht nötig.

In Öl ausziehen

Bereits nach wenigen Tagen duften die mit Kräutern, Chili oder Knoblauch aromatisierten Öle fein würzig. Die Kräuter lassen sich nach Geschmack und Belieben mischen, als Öle eignen sich alle Speiseöle wie Oliven-, Distel- oder Sonnenblumenöl. Aromaöle können Sie zum Kochen ebenso verwenden wie für Salate oder einfach auf frisches Brot geträufelt. Die Öle halten einige Monate ungekühlt. Zum Abschütten der Zweige verwendet man besser einen Tee- als einen Kaffeefilter, da Letzterer zu feinporig ist. Auch ein frisches Gazetuch (Baumwolle) eignet sich.

Basilikum-Minz-Öl

Je ½ bis 1 Handvoll klein gezupfte Blätter von Basilikum und Minze in ein Glas geben und mit Olivenöl auffüllen. Diese aparte Kombination passt hervorragend zu Lamm, Kaninchen und Reisgerichten. Mit dem Öl können Sie getrost auch einmal Ihre müden Glieder einreiben, um sie zu beleben!

Thymianöl mit Zitrone und Chili

4 Zweige Thymian, 2 kleine, in Scheiben geschnittene frische oder 2 ganze getrocknete Chilischoten und die in Streifen geschnittene Schale einer unbehandelten Zitrone in eine Flasche füllen und mit gutem Olivenöl aufgießen. Bereits nach 7 Tagen ist das Würzöl genussreif und schmeckt vor allem zu Pasta lecker.

Oreganoöl

Zum Marinieren von Grillspießen, Schweinefleisch und für deftige Speisen. Den Knoblauch oder Bärlauch kann man auch weglassen.

- Je ½ Handvoll klein gezupfte Oreganoblätter oder -blüten sowie Salbeiblätter mit 2–3 geschälten Knoblauchzehen (alternativ 3–4 Bärlauchblätter) in ein Glas geben und mit Olivenöl auffüllen.
- Je ½ Handvoll grob zerkleinerte Thymian- und Oreganoblätter mit 2–3 Knoblauchzehen (oder 3–4 Bärlauchblättern) in ein Glas geben und mit Olivenöl übergießen.

Olio picante

Einige getrocknete oder frische rote Chilischoten in eine Flasche Olivenöl stecken, nach Belieben geschälte Knoblauchzehen und einen Zweig Rosmarin dazugeben. Bereits nach wenigen Tagen ist die feine Schärfe spürbar, die mit der Zeit immer stärker wird. Wenn Ihnen das Öl zu scharf wird oder wenn es zur Neige geht, können Sie einfach Olivenöl nachfüllen. Olio picante gibt vielen Gerichten Pfiff (siehe Rezeptteil).

Olio picante: Olivenöl, mit frischen oder getrockneten Chilischoten aromatisiert.

Antipasti immer gut mit Öl bedecken.

Steinpilzöl

1 gute Handvoll getrocknete Steinpilze (20 g) in 100 ml Portwein, Marsala oder Madeira mindestens 20 Minuten einweichen, herausnehmen und leicht ausdrücken oder trockentupfen. Die Pilze mit 8 Blättern Basilikum in eine Flasche geben, mit 250 ml Olivenöl übergießen und fest verschließen. Das Öl schmeckt bereits nach einer Woche lecker, die Pilze können Sie gut 2 Monate in der Flasche lassen; für längere Aufbewahrung das Öl in saubere Flaschen umfüllen.

Variation: Etwas fein geschnittene Zitronenschale verleiht dem Öl eine frische Note.

Eingelegte Antipasti

1 Aubergine
1 Zucchini
1 rote Paprika, jeweils gewürfelt
Saft von ½ Zitrone
2 geschälte, in Scheiben geschnittene Knoblauchzehen
ein paar Nadeln Rosmarin oder Thymianblätter
Olivenöl

Die Auberginenwürfel mit dem Zitronensaft mischen, salzen und kurz ziehen lassen. Dann das Gemüse nacheinander mit Rosmarin und Knoblauch in 2 EL Öl in der Pfanne anbraten. In ein Schraubglas geben, mit Olivenöl übergießen, mit dem Deckel verschließen und das Gefäß auf den Kopf stellen, damit sich ein Vakuum bildet.

Getrocknete Tomaten in Öl

1 l Wasser
⅛ l Weißwein
50 ml Weißweinessig
2–3 Handvoll (250 g) getrocknete Tomaten
Olivenöl
Kräuter

Das Wasser mit Weißwein und Essig aufkochen. Die Tomaten hineingeben, den Topf vom Herd nehmen und die Tomaten 5 Minuten ziehen lassen. In ein Sieb abgießen, die Tomaten abtropfen lassen und sachte, ohne viel Druck mit einem Löffel die Flüssigkeit ausdrücken. Dann die Tomaten mit frisch geschnittenem Thymian in ein Glas geben und mit Olivenöl übergießen.

Paprikaschoten in Öl

2–3 rote oder gelbe Paprikaschoten in kleine Würfel schneiden und 5 Minuten in etwa ½ l Weißweinessig kochen, abseihen, mit kaltem Wasser überbrausen und mit der Hand sanft ausdrücken. Die Paprikawürfel in ein Glas geben, nach Belieben 2 EL eingelegte Kapern und/oder 2–4 eingelegte Sardellenfilets beifügen und mit Olivenöl auffüllen.

Oben: Veilchenessig mit zartem Duft. Unten: Borretschblüte.

Essig mit Aroma

Ein fein duftender, aromatischer Kräuteressig verleiht Salatsaucen Pfiff und Raffinesse. Als Basis verwendet man einen guten Obst- oder Weinessig, dem man frische Kräuter wie Bärlauch, Basilikum, Dill, Estragon, Minze, Salbei oder Thymian hinzufügt. Lassen Sie die verkorkten Flaschen 2 bis 3 Wochen an der Sonne durchziehen, dann wird der Essig durch einen Kaffee- oder Teefilter oder durch ein sauberes Gazetuch (Baumwolle) abgeseiht. Als Dekoration nach Belieben einen frischen Zweig hineingeben.

- Estragonessig: 2 Zweige Estragon (ebenfalls geeignet: Thymian, Schnittlauch, Lavendel oder Lavendelblüten) in ½ l Weißweinessig geben.
- Borretschessig: Gut 1 Handvoll grob zerkleinerte Borretschblätter in ½ l Weißweinessig geben – ergibt ein feines, mildes Gurkenaroma. Die blassblauen Blütensterne verleihen der Flüssigkeit zusätzlich eine ebensolche himmlische Farbe.
- Dillessig wirkt sehr dekorativ, wenn Samenköpfe und einige Blätter in der Flasche schwimmen, und schmeckt mit etwas Zitrone und Knoblauch besonders köstlich.
- Als Mischungen eignen sich z.B. Basilikum, Borretsch und Pimpinelle oder Estragon, Zitronenthymian und Schnittlauchblüten sowie Pimpinelle und Basilikum; die Mengen lassen sich je nach Geschmack variieren.
- Lavendel-Zitronenverbenen-Essig (siehe Seite 84): Die Blätter von jeweils 3–4 Zweigspitzen in ¼ l Roséweinessig geben. Statt Zitronenverbene Duftblattgeranie nehmen (siehe Seite 136).
- Schnittlauchblüten verleihen Weißweinessig einen hübschen Rosaton und einen zart zwiebeligen Geschmack.

Veilchenblütenessig

½ Handvoll Veilchenblüten mit ⅛ l Weißweinessig übergießen und 7–14 Tage an einen sonnigen Platz stellen, dann abschütten. Die blaue Farbe und das zart duftende Aroma der Blüten geht in die Flüssigkeit über.

Kapuzinerkresseblütenessig

1 Handvoll Kapuzinerkresseblüten (siehe Seite 136) auf Käfer kontrollieren, dann in eine hübsche Flasche füllen, mit ½ l gutem Weinessig oder Bio-Weißwein auffüllen und 2 Wochen an einem sonnigen Platz ziehen lassen. Dann abseihen und dunkel aufbewahren; die Blüten können in der Flasche bleiben. Der Geschmack ist zart pikant. Der Essig eignet sich auch als pflanzliches Antibiotikum zum Gurgeln bei Halsentzündungen.

Bütenknospenessig

Anstelle von Kapern schmecken auch verschiedene Blütenknospen wunderbar würzig. Es eignen sich jene von Gänseblümchen und Löwenzahn, von Bärlauch, wilder Malve und Kapuzinerkresse - Hauptsache, die Knospen sind noch fest. Ein Schraubglas mit den gewaschenen, entstielten Knospen füllen. Dann das Glas wieder leeren, zu ⅔ bis zur eben festgestellten Füllmarke mit Weißweinessig und zu ⅓ mit Wasser auffüllen, die Flüssigkeit in einen Topf schütten und mit einer Prise Salz und Zucker zum Kochen bringen. Die Blütenknospen kurz dazugeben und dann Knospen und Flüssigkeit heiß in ein Schraubglas füllen und sofort verschließen. Die Kapern müssen mit Flüssigkeit bedeckt sein. Ein Zweig Estragon und einige Pfefferkörner runden das Ganze ab.

Die Wildblumenkapern verwenden Sie wie die gekauften Kapern.

Rosenessig

2–3 Handvoll Blüten in ½ l Apfelessig mit 1 Prise Zucker oder etwas Honig in ein Schraubglas füllen. Etwa 2 Wochen an einem warmen Platz ziehen lassen, ab und zu schütteln, dann in dunkle Flaschen abseihen. Eignet sich auch als erfrischender Badezusatz. Gourmets empfehlen als Grundlage Rotweinessig, der mit einer kleinen Handvoll reifer Himbeeren verfeinert wird.

Holunderblüten-Rosen-Essig

Je 2–3 Handvoll Rosen- und Holunderblüten in eine weithalsige Flasche füllen und mit mildem Obstessig übergießen. Etwa 4 Wochen ziehen lassen, dann durch ein Sieb in eine Flasche füllen. Zum Aromatisieren können Sie gleich zu Anfang zusätzlich ein paar Walderdbeeren oder 4 normale Erdbeeren zugeben.

Variation: Statt Rosen- Quittenblüten nehmen.

Himbeeressig

2 Handvoll (1 Schale) frische, verlesene Himbeeren in eine weithalsige Flasche füllen, mit ½ l Weißweinessig aufgießen und etwa 10 Tage an einem sonnigen Platz stehen lassen, bis der Essig rosafarben ist; dann abseihen und in hübsche dunkle Flaschen umfüllen. Himbeeressig schmeckt köstlich zu Obstsalat und zu Erdbeeren (siehe Rezept Marinierte Erdbeeren, Seite 75), zu Blattsalaten, zu Fisch und in einer Spargel-Vinaigrette.

Chili-Sherryessig

5–8 getrocknete Chilischoten mit ¼ l gutem Sherryessig übergießen, ½ TL ganze Pfefferkörner zugeben und gelegentlich schütteln. Bereits nach 1 Woche ist eine feine Schärfe spürbar.

Links: Blütenknospen von Bärlauch, Gänseblümchen oder Löwenzahn lassen sich gut in Essig einlegen. Rechts: Himbeere.

Aromatisierter Wein

Genießer und Heilkundige schwören gleichermaßen auf Kräuterliköre und -weine. Letztere sind einfach herzustellen: auf 1 Flasche Wein – möglichst aus biologischem Anbau – kommt etwa 1 Handvoll frischer Kräuter (z.B. Rosmarin, Wermut, Thymian); nach 4–5 Tagen im Schatten filtern Sie den Wein durch einen Tee- oder Kaffeefilter oder durch ein frisches Baumwolltuch ab; Blätter und Blüten kräftig auspressen. Die Flasche fest verkorken oder zuschrauben.

Hilft dem Magen:
Salbeiwein

- 1 Handvoll grob zerpflückte Salbeiblätter in eine Flasche (0,75 l) Weiß- oder Roséwein geben, 2–7 Tage stehen lassen und immer wieder gut durchschütteln. Danach abfiltern.
- 1 Handvoll Salbeiblätter kurz in 1 l Rotwein kochen, dann abseihen und in die Flasche zurückfüllen. Bei Magengrimmen und Sodbrennen hilft 1 Likörglas täglich.

Liebestrank:
Rosmarinwein

½ Handvoll Rosmarinzweige in eine Weißweinflasche stecken, zum Aromatisieren nach Belieben 1 Knoblauchzehe und etwas fein geschnittene Zitronenschale zugeben. 7 Tage stehen lassen, dann in kleinen Mengen genießen. Ein Schnapsglas pro Tag gilt unter Kennern als Liebeswein, da er die Durchblutung im Beckenbereich ankurbelt.

Fruchtig beschwipst:
Leckerer Beerenlikör

Beeren wie Holunder-, Brombeeren oder Heidelbeeren können Sie erntefrisch in leere Flaschen füllen und im Nu zu leckeren Likören verarbeiten: 2–3 Handvoll Beeren und knapp 1 Tasse Zucker in eine Flasche (0,7 l) geben und mit Hochprozentigem wie Korn, Obstler oder Wodka übergießen. Zum Aromatisieren gibt man nach Bedarf das Mark einer Vanilleschote, einige Nelken oder eine Zimtstange hinzu. Das Ganze etwa 6 Wochen stehen lassen und möglichst täglich schütteln.

Tipp: Gefäße zum Abfüllen

Leere Gläser und Flaschen, die sich als Gefäße für grüne Mitbringsel eignen, fallen auch im Urlaub immer an. Besonders gut eignen sich auch leere Kunststoffflaschen, da sie leicht und unzerbrechlich sind. Zu Hause können Sie die kostbare Fracht dann in dekorativere Flaschen umfüllen und mit hübschen Bändern oder Kordeln dekorieren.

Salbeiwein hilft bei Magengrimmen.

Kräuter trocknen

Kräuterbüschel vor allem von mediterranen Kräutern wie Rosmarin, Thymian, Majoran und Salbei können Sie vor Ort frisch benützen und getrocknet mit nach Hause nehmen. Die Kräuter sollten immer in Griffweite der Kochstelle sein, damit man beim Würzen der Gerichte nicht erst auf eine Expedition ins Ungewisse starten muss. Beim Zelten kann das Erntegut an einer Zeltabspannleine aufgehängt werden, beim Wohnmobil im Schatten unter dem Vordach, auf dem Boot in der Kombüse – Hauptsache, es ist ein schattiger und nicht der Hitze der Kochstelle ausgesetzter Ort.

So geht's:

- Schneiden oder zupfen Sie Blätter, Blüten oder Triebe am besten an einem sonnigen, trockenen Vormittag, ehe in der Mittagshitze die ätherischen Öle verduften.
- Ernten sie möglichst ganze Triebe (10 bis 15 cm lang), und Blüten erst, wenn sie sich geöffnet haben.
- Das Erntegut zu Büscheln binden und kopfüber aufhängen oder in luftige Körbe, Leinensäcke oder Kisten legen, niemals in Plastiktüten, wo es leicht zu faulen beginnt.
- Sobald die Blätter und Blüten getrocknet sind – wenn sie rascheln und zerbröseln ist der richtige Zeitpunkt –, diese von den Stielen abstreifen und in Teedosen oder Schraubgläser füllen; diese mit Pflanzenart und Erntezeitpunkt beschriften. Auch in Streichholzschachteln, Papiertüten und Leinenbeuteln lässt sich die Ausbeute gut nach Hause bringen. An einem dunklen Platz hält sich das Erntegut mindestens 1 Jahr.

Duftende Kissen

½ Handvoll getrocknete Kräuter wie Lavendelblätter und -blüten, Rosmarin, Thymian, Majoran, Ysop, Nelken und Salbei in ein bunt gemustertes Stofftaschentuch geben, mit einer hübschen Kordel, mit Bast oder Jute zuschnüren – fertig ist das Duftkissen, dass, auch zwischen die Urlaubswäsche gelegt, diese frisch duften lässt.

Kräutersalz zum Würzen

Zerkleinerte getrocknete Kräuter und Salz lagenweise abwechselnd in Gläser oder Keramikgefäße füllen, und zwar etwa im Verhältnis 4 Teile Kräuter auf 1 Teil Salz. Besonders gut eignen sich: Waldmeister, Dill, Liebstöckl, Thymian, Schnittlauch, Weinraute, Bergbohnenkraut, Kerbel, Salbei, Brennnessel, Ysop, Kerbel, Basilikum, Sellerie und Petersilie.

Aromatischer Honig: Thymian- und Oreganoblätter klein schneiden und unterrühren.

Honig und Marmelade

Urlauber in südlichen Regionen finden oft eine erstaunliche Vielfalt an Honigsorten vor – ob Akazien-, Rosmarin-, Wildblütenhonig, Waldhonig oder Kastanienhonig. Nicht selten fordern einen die Händler auch auf, mit kleinen Spateln Kostproben aus Töpfen und Tiegeln zu naschen. Honig ist nicht nur köstlich, sondern auch gesund und wird in der Heilkunde von alters her verwendet, um die Widerstandskraft des Körpers zu erhöhen, aber auch, um Heilpflanzen darin zu konservieren.

Thymian-Majoran-Honig

Je 1 Handvoll klein geschnittene Thymian- und Majoran- oder Oreganoblätter in einem Glas gutem Blütenhonig ansetzen – schmeckt hervorragend zum Marinieren von Fleisch, in Sugo und kräftigen Eintöpfen. Wer mag, gibt noch Knoblauch oder Bärlauchblütenknospen und Bärlauchblüten hinzu.

Variation: 1 Handvoll frische Kräuter wie Schafgarbe, Dost oder Wegerich klein schneiden und in Honig einlegen. Schmeckt prima und hilft bei Erkältungshusten.

Fichten-, Kiefern-, Tannenhonig

1 Handvoll frische grüne Maitriebe von Fichten, Kiefern oder Tannen pflücken, klein schneiden und in ein Glas guten Wald- oder anderen Honig mischen. Schmeckt bereits nach wenigen Stunden auf dem Butterbrot und begeistert mit seinem frischen sauer-süßen Geschmack Klein und Groß gleichermaßen. Nach etwa 14 Tagen ist das Aroma in den Honig übergegangen; auch die Nadeln schmecken dann milder. Übrigens ein prima Helfer bei Erkältungshusten.

Rosenblütenhonig

1–2 Handvoll duftende Wildrosen- oder ungespritzte Gartenrosenblüten pflücken, etwas zerzupfen oder klein schneiden und in ein leeres Honigglas geben. Mit feinem Blütenhonig auffüllen und gut mischen. Bereits nach 1–2 Tagen ist ein Teil des Rosenaromas in den Honig übergegangen. Der Honig schmeckt auch sofort mitsamt den Blättern auf dem Brot oder auch zum Marinieren von Fruchtspießen (zum Grillen) sowie zum Aromatisieren von Salatsaucen.

Variation: Im Mai duftende Quitten- statt Rosenblüten verwenden.

Löwenzahnhonig

1 Handvoll Löwenzahnblüten (nur das Gelbe verwenden) hacken und in ein leeres Honigglas geben. Mit Honig auffüllen und 12–30 Tage an die Sonne stellen.

Variation: Lecker schmeckt er auch aromatisiert mit 1 Zimtstange und 2 getrockneten Nelken, die Sie einfach mit ins Glas geben. Der Honig eignet sich ebenso wie Gänseblümchensirup zur reinigenden und entschlackenden Frühjahrskur.

Dalmatinische Feigenmarmelade

Unsere Freundin Angela, die uns auf einer dalmatinischen Insel bewirtete, verriet uns ihr Rezept für Feigenmarmelade. Es funktioniert mit ganz normalem Zucker, allerdings müssen Sie dann lange rühren, damit nichts anbrennt: 1 kg klein geschnittene Feigen mit 1¼ Tassen Zucker (200 g) und der Schale von ¼ unbehandelten Zitrone 2 Stunden köcheln lassen, dann den Saft von ¼ Zitrone sowie, sofern vorhanden, 1 EL Brandy dazugeben.

Wer Einmachzucker zur Hand hat, kann diesen statt des gewöhnlichen Zuckers verwenden und damit die Prozedur entsprechend verkürzen.

Schon gewusst?
Tomatenkonfitüre

Diese originelle Konfitüre lässt sich aus festen, roten Tomaten, Einmachzucker und etwas Zitronensaft leicht herstellen: Die Tomaten häuten, entkernen und grob zerkleinern, Zucker und Zitronensaft hinzufügen. Alles langsam aufkochen und so lange kochen, bis die Marmelade dickflüssig ist. In Gläser abfüllen und verschließen.

Sirup und aromatisierter Zucker

Ein Sirup ist auch unterwegs rasch angesetzt und aromatisiert Getränke wie Mineralwasser, Sekt, Fruchtsäfte und Sommerbowlen.

Löwenzahn-Ingwer-Sirup

2 Handvoll frische Blüten mit ½ l Wasser aufkochen und mehrere Stunden ziehen lassen. Durch einen Kaffeefilter abgießen und die Rückstände behutsam ausdrücken. Die Flüssigkeit erneut aufkochen, ½ kg Zucker, den Saft von 1 Zitrone und 1 kleine Scheibe Ingwer dazugeben und weiter kochen, bis der Zucker gelöst ist, dann heiß in Flaschen abfüllen.

Gänseblümchen-Vanille-Sirup

¼ l Wasser aufkochen, 1 Handvoll Gänseblümchenblüten hineingeben, umrühren, von der Flamme nehmen und zugedeckt im Topf 2–3 Stunden ziehen lassen, dann durch einen Teefilter abseihen, die Blütenrückstände ausdrücken. Die Flüssigkeit im Topf mit etwa ¾ Tasse (ca. 150 g) Zucker 1 Stunde auf niedriger Flamme kochen, bis eine sirupartige Konsistenz entsteht. Regelmäßig umrühren, damit nichts anbrennt. Der Sirup hilft bei Husten und ist in Sprudelwasser gelöst ein leckerer Frühlingstrank.

Variation: Das Mark einer Vanilleschote beim Einkochen des Sirups dazugeben, kurz vor dem Abfüllen ein paar Basilikumblättchen zum Aromatisieren einstreuen.

Zitronenzucker

3 gewaschene unbehandelte (nicht gespritzte und nicht gewachste) Zitronen schälen. Die Schale sowie 5–6 Zitronenschnitze fein schneiden und lagenweise mit Rohrohrzucker in ein Glas (250–330 ml) füllen. Darauf achten, dass Sie möglichst wenig von der bitteren weißen Haut mitverwenden. Bereits nach wenigen Stunden entsteht ein Sirup, den Sie nach Belieben mit Sprudelwasser oder auch mit einem Obstler mischen können.

Schneller Limoncello

Dieser Likör stammt ursprünglich vom Golf von Neapel und der Amalfiküste. Viele Familien stellen ihn dort mit reinem Alkohol selbst her, der in Italien kostengünstig frei in Supermärkten erhältlich ist.

Hier ein schnelles Rezept mit Obstler für einen Limoncello, den Sie gleich genießen können: Zitronenzucker wie oben beschrieben herstellen und nach Belieben mit Obstler mischen. Vor dem Trinken Schale und Fruchtfleisch entfernen oder einfach mitessen.

Lavendel- und Rosenzucker

1 Handvoll getrocknete, zerkleinerte Rosen- und/oder Lavendelblüten lagenweise mit Zucker in ein Marmeladenglas schichten. Bereits nach wenigen Tagen ist der Zucker aromatisiert. Mit Rosen- und/oder Lavendelzucker lassen sich sehr gut Süßspeisen, Müsli, Joghurt, Gebäck, Pfannkuchen und Tees verfeinern. Wem die getrockneten Lavendelblüten zu seifig schmecken, kann den Zucker vor dem Verwenden durchsieben.

Ingwerzucker

Ein fingerdickes Stück einer Ingwerwurzel schälen, in feine Stücke schneiden, abwechselnd mit Zucker in ein Marmeladenglas schichten und mindestens eine halbe Stunde durchziehen lassen. Der Zucker schmeckt im Tee und aromatisiert Sprudelwasser.

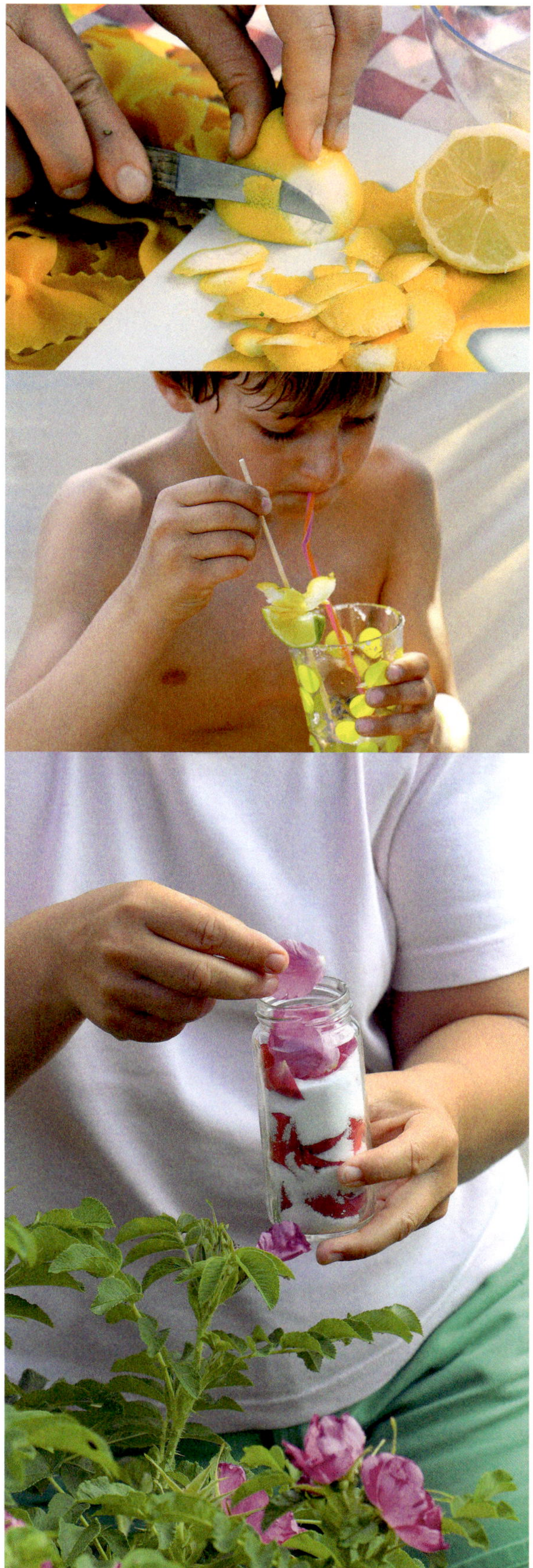

Zitronenschale aromatisiert viele Speisen, zum Beispiel eine erfrischende Zitronenlimo für heiße Sommertage. Unten: Rosenblüten und Zucker werden lagenweise in ein Glas geschichtet.

Küchentricks: Geschickt improvisieren

Beim Kochen unterwegs gehören Pleiten, Pech und Pannen dazu. Oft sind es nur wenige Handgriffe, ein klein wenig Geschick und einfache Tricks, die helfen, den großen und kleinen Tücken und Missgeschicken rund ums Kochen unterwegs souverän und kreativ zu begegnen. Mitunter können pfiffige Lösungen auch wahre Glücksgefühle und überschäumende Freude auslösen, an die man sich oft Jahre später noch mit glänzenden Augen erinnert. Viel Spaß beim Improvisieren!

Licht zum Diner

Die Gaslampe passte nicht ins kleine Gepäck, die Kerzen bläst der Wind aus. Doch statt im Dunkeln zu essen, muss eben die Taschenlampe herhalten: Einfach die Wäscheleine daran festknoten, das gute Stück an einen passenden Ast hängen und mit dem Tisch dorthin umziehen, wo der Lichtkegel hinfällt. Guten Appetit!

Angebrannte Töpfe reinigen

Das Essen ist angebrannt, und es gilt, mit knurrendem Magen Topf oder Pfanne wieder flott zu bekommen. So geht's schnell:

- Das Kochgeschirr vom Feuer nehmen, das nicht angebrannte Essen herausschöpfen, Wasser etwa 5 cm über die angebrannte Schicht einfüllen, einen Schuss Spülmittel dazugeben, das Ganze aufkochen und, je nach Verbrennungsgrad, mindestens 10 Minuten einwirken lassen. Zum Entfernen des Belags einen Putzschwamm verwenden, bei Edelstahlgeschirr auch Stahlwollekissen.
- Sind Sie an Fluss, See oder Meer in der Nähe eines Sandstrandes, einfach eine Handvoll Sand und etwas Wasser (z.B. Meerwasser) nehmen und damit die Töpfe scheuern.
- Die Sommertriebe des Acker-Schachtelhalms (Equisetum arvense) eignen sich dank ihres hohen Gehalts an Silikat ebenfalls hervorragend zum Töpfescheuern – dies wussten und nutzten bereits unsere Vorfahren.

Abschütten ohne Sieb

Die Nudeln schwimmen al dente im Kochwasser, doch das Sieb ist verschollen. Nun gilt es, schnell zu handeln: Handtuch schnappen, Deckel oder Schneidebrett auf den Topf setzen, diesen mit dem Handtuch beidseitig an den heißen Henkeln fassen, mit beiden Daumen die Abdeckung festhalten und das Wasser durch eine spaltbreite Öffnung abschütten.

Tipp:
Es gibt Topfdeckel mit Löchern, sogenannte Abschüttdeckel, die auf einer Seite mit zahlreichen kleinen Löchern versehen sind, durch die das Wasser gießkannengleich abfließen kann (siehe Serviceteil).

Eine Gabel ersetzt die Zitruspresse.

Dosen öffnen ohne Öffner

Ein Dosenöffner sollte sich eigentlich selbst im elementarsten Gepäck finden. Doch wenn er nicht auffindbar ist, beginnt bei uns regelmäßig das Rätseln: »Hat nicht das Taschenmesser einen Öffner? Wo ist eigentlich mein Buschmesser?« Wer nun mutig zum Messer greift, sollte nie unbesonnen und überhastet handeln!

- Verwenden Sie nur Messer mit dicker Klinge, die zum Einstechen vorne spitz sind.
- Auch mit einem Korkenzieher lassen sich ganz gut kleine Löcher in die Dose hacken, die man dann mit Messer oder Schraubenzieher vergrößern kann.
- Fein raus ist auch, wer einen Schraubenzieher zur Hand hat, egal ob Schlitz- oder Kreuzschlitzmodell: Mit einem handgroßen Stein gelingt es Geübten, rasch ein Loch in die Dose zu hämmern.

Doch aufgepasst, dass keine Metallteile ins Essen gelangen, man sich an den scharfen Kanten nicht verletzt oder sich beim Festhalten der Dose durch ein abrutschendes Messer oder andere Gerätschaften blutige Finger holt!

Zitronen auspressen ohne Presse

Die Früchte unter leichtem Druck der Handflächen einige Male auf dem Tisch hin und her rollen, dann in der Mitte quer durchschneiden, von Hand auspressen und mit der Gabel nachhelfen, indem man diese ins Fleisch sticht und darin dreht.

Mit Steinen reiben

Statt Messer, Mörser oder Reibe setzen Sie auf die Kraft der Steine! Suchen Sie sich einen schönen, handteller-

Ein sauberer Stein mit glatter Oberfläche eignet sich zum Pestoreiben, ein selbstgeschnitzter Astquirl (rechts) zum Rühren und Schäumen.

großen, sauberen Stein und als Reibefläche einen großen, flachen Stein oder ein Holzbrett. Damit zerreiben Sie Ihr grünes Erntegut wie Basilikum und Bärlauch, ebenso Nüsse wie Pinienkerne, Hasel- oder Walnüsse. Vor allem für das Zubereiten von Pesto eignet sich diese Steinzeitmethode bestens, und sie macht auch Spaß!

Schütteln statt schäumen

Schaumige Dressings, Saucen und Drinks sind auch im Urlaub mit kleinem Gepäck ein gern genossener Luxus. Praktisch sind die batteriebetriebenen kleinen Schäumer (siehe Rezept Seite 79 und Serviceteil, Seite 141), doch es geht auch anders: Flaschen, Tassen oder Becher mit Flüssigkeit füllen, mit Folie abdichten, Haushaltgummi straff über das Gefäß ziehen und dann kräftig schütteln. Mit Bechern, die sich verkehrt herum abdichtend ineinander schieben lassen, kann man als Open-air-Barkeeper glänzen.

Kneten statt pürieren

Die Zutaten für Pesto, Kräuterquark- oder Schafskäsemischungen liegen zerrieben oder zerschnitten bereit. Was nun zuhause der Mixstab erledigt, können die Hände ebensogut: Kneten Sie die Zutaten einfach mit den Händen.

Astquirl zum Umrühren

Bei Bäumen können Äste am Stamm einen Quirl bilden. Aus diesen Astquirlen, vor allem von Tannen und Fichten, fertigten die Menschen einst einfache Küchenhelfer. Dazu entfernt man die Rinde und kürzt die Äste nach Bedarf ein. Unsere Freundin Beata, die aus Polen stammt, erinnert sich: »Die Quirle verwendeten wir traditionell, um frische Buttermilch aus Kuhmilch zu rühren. Mein Mann schnitzt heute noch alljährlich einen Quirl aus unserem Weihnachtsbaum.«

Topfgreifer selbst geschnitzt

Für Töpfe und Pfannen ohne Stiel kann man sich einen Topfgreifer schnitzen: Dazu nehmen Sie einen gut fingerdicken Ast mit einer Gabelung. Sie kürzen die beiden Äste auf die gleiche Länge und schnitzen etwas oberhalb der Gabelung eine Kerbe in den Ast, in die sich der Topf einrasten lässt – schon ist das Outdoor-Unikat fertig.

Platzsparend: Drahtbügel-Alufolien-Topf

Outdoor-Experte Erwin Leinfelder verrät folgenden verblüffend einfachen Trick, um Reisegepäck zu sparen: »Einen alten Draht-Kleiderbügel rund auseinander biegen, Alufolie zu einer bauchigen Tüte formen und an den Rändern rundum fest um den Bügel falten. Das Gefäß vorsichtig benützen; es eignet sich gut zum Kochen von Tee, Kaffee oder Brühe. Der Haken ist zugleich der Henkel; komfortabler ist es, an der gegenüberliegenden Seite noch einen zu drehen.«

Wasser frisch halten

Trinkwasser bleibt in Kunststoffbehältern mit einem Spritzer Zitronensaft länger frisch. Ein nasses, kühles Handtuch hält, auf den Behälter gelegt, dank der Verdunstungskälte auch die Wassertemperatur im Gefäß niedriger.

Regen- und Sonnenschutz beim Kochen

Wer beim Brutzeln unter freiem Himmel schon einmal einen Sonnenstich eingefangen hat oder von sintflutartigem Regen überrascht wurde, der wird nicht mehr auf sie verzichten wollen: Outdoor-Köche sollten immer eine wasserdichte, dehnfeste, mit Ösen versehene Plane von etwa 3 x 4 m im Gepäck haben. Mit Seilen zwischen Bäume oder zwischen Teleskopstangen aus Aluminium gespannt, spendet sie Schatten oder hält Regen ab.

So geht's:
- Die Plane immer schräg anbringen, damit Regenwasser gut ablaufen kann.
- Im Fachhandel sind solche Planen auch unter der Bezeichnung »tarp« zu finden.

Windschutz am Freiluftherd und -tisch

Damit der Wind die Gasflamme nicht ständig zum Erlöschen bringt, können Sie mit größeren Natursteinen einen kleinen Wall bauen: Mauern Sie dabei immer im Verband, jeden Stein also immer auf eine Lücke in der Reihe darunter setzen – sonst kippt das Werk bei Wind rasch um.

Um den Essplatz vor Wind zu schützen, spannen Sie die Wäscheleine im Lot zur Windrichtung auf und behängen diese mit schweren Badehandtüchern oder Decken. Dies schützt auch vor unerwünschten neugierigen Blicken.

Kein Stuhl dabei?

Es ist immer das Gleiche: Entweder geht unterwegs ein Stuhl kaputt oder es ist einer zu wenig im Gepäck. Um dennoch mit Freunden zusammenzusitzen, behilft man sich mit umgedrehten Bierkisten, Holzstümpfen, dem hochkant aufgestellten Koffer, einer umgedrehten Plastikschüssel (nur für Leichtgewichte), der Auto-Motorhaube und Isomatten.

Tischkultur für unterwegs

- Eine hübsche Tischdecke verströmt einen feinen Hauch von Luxus: Unsere hauchdünne italienische Seidentischdecke ist seit zehn Jahren selbst im kleinen Gepäck immer dabei, und sie wirkt wesentlich eleganter als die schweren Wachstuchdecken mit ihrem eher behäbigen Chic. Damit sie auf dem leichten Alutisch hält, verknoten wir sie jeweils an den Ecken. Zwischendurch diente uns das feine, sonnenbeständige Tuch sogar schon als Sonnenschutzsegel, Hüfttuch und leichte Sommerdecke zum Einkuscheln der Kleinen. Einmal durch Spülmittel gezogen, ist sie wieder tischfein.

Wenn es stürmt, empfiehlt sich ein Mini-Steinwall um die Freiluftküche.

- Hübsche Windlicher und Servietten nicht vergessen.
- Einige Blüten oder Kräuterzweiglein in einem Wasserglas verströmen Wohlgerüche und zaubern ohne großen Aufwand Atmosphäre.

Eierbecher-Ersatz

Die Eierpackung aus Pappe vorsichtig in die einzelnen Gefäße reißen oder schneiden: Der Kommentar von Dorothea von Mohrenfels als campingerfahrener Mutter: »Unsere drei Kinder haben jedes Mal viel Spaß beim Bemalen der Kartons mit Stiften oder Wasserfarben. Dabei entstehen die lustigsten Motive und die Frühstückseier schmecken gleich doppelt so gut.«

Offene Lebensmittelpackungen

Falls die Haushaltsgummis zu Hause liegen geblieben sind, die Tüten einfach mit Wäscheklammern verschließen und alle Packungen in eine verschließbare Kiste (z.B. Plastikkiste mit Deckel) legen. Auf dem Campingplatz ist dies ein guter Schutz vor hungrigen Kleintieren!

Wespen-Lebendfalle im Quittenbaum.

Kochen im Sturm

Sturmkocher, die sich als sicher und praktisch erwiesen haben, bestehen meist aus einem einfachen Spiritusbrenner und einem kippstabilen Windschutz, in den zwei unterschiedlich große Töpfe, ein Teekessel und eine Bratpfanne je nach Bedarf eingehängt werden können. Diese solide Miniküche aus Aluminium lässt sich ineinander stapeln und, genial klein, mit einem Riemen selbst auf dem Motorrad oder dem Kanu gut transportieren (siehe Serviceteil). Nachteil: Kochen mit Spiritus dauert lange.

Mückenschutztipps

- Unbedeckte Hautstellen mit mückenabweisenden Mitteln einreiben. Eventuell die Einheimischen oder Fachleute vor Ort, etwa in Apotheken, um Rat fragen.
- Moskitonetze
- Aerosole, Verdampfer, Räucherspiralen
- Kräutertipp: Das Kleinblättrige Buschbasilikum (Ocimum basilicum var. minimum) hält in vielen mediterranen Ländern wie in Griechenland und in der Türkei unliebsame Insekten fern. Deshalb steht es auch oft in Kübeln vor Hauseingängen und vor Fenstern. Auch fürs mobile Zuhause einen Versuch wert!
- Räuchern mit frischen Kräutern, wie beim Grillen am offenen Feuer, hält Insekten fern.

Ameisenstraße umleiten

Die Ameisen waren zwar vorher da, aber damit Sie nicht an einer Ameisenstraße kochen, essen und leben müssen, leiten Sie die Sechsbeiner kurzfristig um. Mit stark duftenden, aromatischen Kräuterbüscheln wie mit Lavendel, Pfefferminze, Thymian und Salbei lösen wir auf der Insektenstraße Verwirrung aus und zerstreuen sie. Funktioniert ebenso mit Orangen- und Zitronenschalen, gemahlenem Pfeffer, Zimt oder Honig. Letzterer hält die Krabbler besonders zuverlässig auf, da sie sich gern um Süßes scharen. Und während wir in Ruhe frühstücken können, beobachten die Kinder fasziniert die kleinen Honigschlecker - Naturkunde leicht gemacht!

Fliegen und Wespen austricksen

Einfach eine leere Kunststoffflasche mit wenig Zuckerwasser oder Süßgetränk wie Cola oder mit wenig Essig füllen und etwas entfernt vom Sitzplatz aufhängen. Die lästigen Mitesser fliegen dann durch die Öffnung in das Gefäß. Nach der Mahlzeit lassen wir sie andernorts wieder frei, indem wir die Flasche mit der Flüssigkeit ausschütten und sehen, dass wir schnell davonkommen. Es gibt im Handel auch Flaschen mit zwei Öffnungen, die das Freilassen erleichtern (siehe Serviceteil). Denn letztlich sind auch Wespen wertvolle Helfer im Kreislauf der Natur: Sie bestäuben Pflanzen und fangen Mücken.

Schlangen vertreiben

Ein Tipp von der erfahrenen Heilpraktikerin Margret Madejsky: »Knoblauch besitzt nachweislich eine enorme antibiotische Kraft und vertreibt, um den Schlafsack herum verteilt, sogar Schlangen, da diese den Knoblauchgeruch meiden.«

Schon gewusst?
Fundgrube Haushaltswarengeschäfte

In fremden Ländern sind Haushaltswarengeschäfte für uns immer ein Ort voller Inspiration, da sie viel über die Kochkultur des Gastlandes verraten. Bereits vor zwanzig Jahren fanden wir in Süditalien die kleinen, batteriebetriebenen Milchschäumer, die heute auch bei uns überall erhältlich sind. Daneben kaufen wir immer wieder Espresso-Drehkannen nach, Averna-Gläser, Spaghettata-Schüsseln und Küchengeräte wie die «Flotte-Lotte» aus Edelstahl zum Passieren von Tomaten oder Kartoffeln. Mitunter treibt einen auch die pure Not in solche Geschäfte, beispielsweise um Reiszwecken zu kaufen, mit denen man endlich die Moskitonetze befestigen kann ...

Die klassische Variante mit Löffel oder Feuerzeug gelingt mit ein wenig Übung mühelos. Oder wie unten die Kronkorken ineinander verhaken, dann ruckartig auseinanderhebeln.

Klassische Tricks, eine Bierflasche zu öffnen

Der Durst ist riesengroß, allein der Öffner befindet sich auf Tauchstation. Daher ist es unterwegs immer sinnvoll, sich mit alternativen Methoden zu wappnen und vielleicht schon etwas zu üben, um dann vor Freunden oder der Angebeteten zu glänzen. Denn hier zeigen »echte« Männer gerne, was sie so alles drauf haben ...

- Für Traditionalisten: Altbekannt und bewährt ist die Tischkanten-Methode: Flaschenhals daranhalten, Flasche mit einem Ruck nach unten wegziehen und oben auf den Korken hauen. Gelingt auch Anfängern oft schon ganz gut. Kanten zum Kronenstemmen finden sich auch an Mauern, Treppenstufen, Bierkästen, dem Campingkocher und der Thermoskanne.
- Für Naturfreaks: Ein abgebrochener, stabiler Ast mit spitzem Ende kann die Rettung sein.
- Für Turteltauben: Je eine Flasche in je eine Hand nehmen, dann die Flaschen waagrecht, Kopf an Kopf aneinanderlegen, so dass sich die Kronkorken ineinander verhaken, dann ruckartig auseinanderhebeln.
- Für Ringträger: Mit einem stabilen, glatten Ring den Korken hochhebeln.
- Für Anfänger: Die klassische Feuerzeug-Variante: Mit der Hand den Flaschenhals fest umschließen. Dann das Feuerzeugende auf den Zeigefinger der Hand legen, die die Flasche hält. Die Feuerzeugkante unter dem Kronkorken ansetzen und diesen etwa rechtwinklig abhebeln. Doch aufgepasst, wenn das Feuerzeug bricht, kann es wehtun! Wer sicher gehen will, nimmt ein Metallfeuerzeug wie das klassische »Zippo«.
- Für Verzweifelte: Lieber in die nächste Bar gehen als die Zähne ruinieren.
- Für Radfahrer: Der Zahnkranz kann als Kante zum Aufhebeln dienen. Doch ohne Gewalt – Sie wollen sicher noch weiterfahren.
- Für Schnupftabakfreunde: Manch einer schwört auf seine blecherne Tabakdose.

Und so wird ein Spiel daraus: Korken fliegen lassen

Je nach Biermarke und Können fliegen die Korken beim Öffnen unterschiedlich weit: zwischen drei und fünf Metern, während die Bestmarken im Neun-Meter-Bereich liegen. Die Korken danach wieder einsammeln, sonst kann es böse Schnittverletzungen geben!

Aus der Gerüchteküche

Wer eine der folgenden Techniken beherrscht, schicke als Beleg bitte Fotos an die Autorinnen, den Verlag oder im Internet unter www.urlaubsküche.com.

- Die Flasche mit der gefalteten Tageszeitung oder der leeren Klopapierrolle öffnen – funktioniert nur mit der richtigen Falttechnik, schwören Kenner.

- Sich ein Schiff besorgen und die Flasche dann dagegen werfen. Der Trick dabei: Es funktioniert angeblich nur bei neuen Schiffen.
- Könner benützen die Autotür (für Lackschäden übernehmen wir allerdings keine Haftung!), andere das Metallteil vom Autoanschnallgurt (bitte nicht während der Fahrt probieren!).
- Eine Flasche richtig durstig ansehen (funktioniert erst nach ein paar Halben) ...

Kühlen ohne Strom

- Im Wind: Lebensmittel oder Getränke in ein feuchtes Handtuch wickeln, in eine Plastiktüte packen und im Schatten und/oder im Windzug lagern. Die Verdunstung des Wassers bewirkt eine kurzzeitige Kühlung der Lebensmittel. Bereits das Einwickeln der gekühlten Flaschen und Einkäufe in Zeitungspapier hilft, die Temperatur niedrig zu halten. Für Getränkeflaschen sind im Handel auch sehr leichte Kühlmanschetten erhältlich, die man auch als Kühlkompresse bei einer Verletzung benützen kann.
- Im Sand- oder Erdloch: Lebensmittel in eine wasserdichte Tüte packen und vergraben. Vielleicht haben Ihre oder die Nachbarskinder eine Sandschaufel dabei, die Sie kurz entführen können ... Das Loch so breit und so tief graben, dass das Paket oder die Getränke gerade hineinpassen. Mit dem Aushub bedecken und die Stelle gut markieren.
- Im Wasser: Lebensmittel in einen Kunststoffbeutel geben und gut verknoten und/oder mit Gummis, Schnüren und Spangen wasserfest verschließen. Den Beutel und/oder die Getränkeflaschen oder -tüten in den ruhigen, kühlen Uferbereich von Bächen, Flüssen, Seen oder des Meeres legen und mit Sand und Steinen so befestigen, dass sie vom Wasser nicht weggespült werden. Besondere Vorsicht gilt bei Glasflaschen; auf Strömung und Gezeiten achten.

Kühlen ohne Kühlbox

- Auf dem Campingplatz: Eiswürfelbeutel oder Kühlelemente mit einem wasserfesten Stift beschriften, in der Gemeinschaftskühltruhe des Campingplatzes kühlen und dann zu den Lebensmitteln in die Kühltasche geben. Eine campingerfahrene Mutter berichtet folgende Erfahrung: »Auf einem kleinen und schwer erreichbaren, aber traumhaft schönen Campingplatz in Korsika konnten wir mit nur zwei Kühlelementen, die wir immer morgens und abends ausgetauscht haben, unsere Lebensmittel trotz Sommerhitze vor dem Verderben bewahren!«
- Kühlen im Strandtuch oder Schlafsack: Dazu benötigen Sie neben einem gefrorenen Kühlelement oder Eiswürfelbeutel einen großen Topf mit Deckel. Das Kühlelement auf den Boden des Topfes legen, Getränke oder die in eine Tüte verpackten Lebensmittel darauflegen, Deckel schließen, den Topf mit einem Handtuch umwickeln und in ein dickes Strandtuch oder einen Schlafsack hüllen. Windgeschützt und stoßfest lagern.

Energiereserven sparen: Kochen mit der Kochkiste

Die Gaskartusche ist fast leer und das Abendessen noch nicht fertig? Kein Problem: Garen Sie Ihre Beilage (z.B. Salzkartoffeln, Spaghetti, Reis, Bulgur) nach kurzer Kochzeit einfach in Ihrem Schlafsack fertig! Dazu benötigen Sie neben dem Kochtopf mit Deckel ein Handtuch zum Umhüllen und als »Kochkiste« einen Schlafsack, eine warme Decke, eine Kiste oder einen Korb mit Decken.

So geht's: Die Beilage auf der Kochstelle vorkochen (Zeitdauer gemäß Tabelle), dann mit einem Handtuch umhüllen und in der Kochkiste weitergaren lassen. Beachten Sie, dass Sie den Topf auf eine wärmefeste Unterlage wie ein Holzbrett stellen, damit der Wärmemantel nicht angesengt wird, und dass der eingehüllte Topf windge-

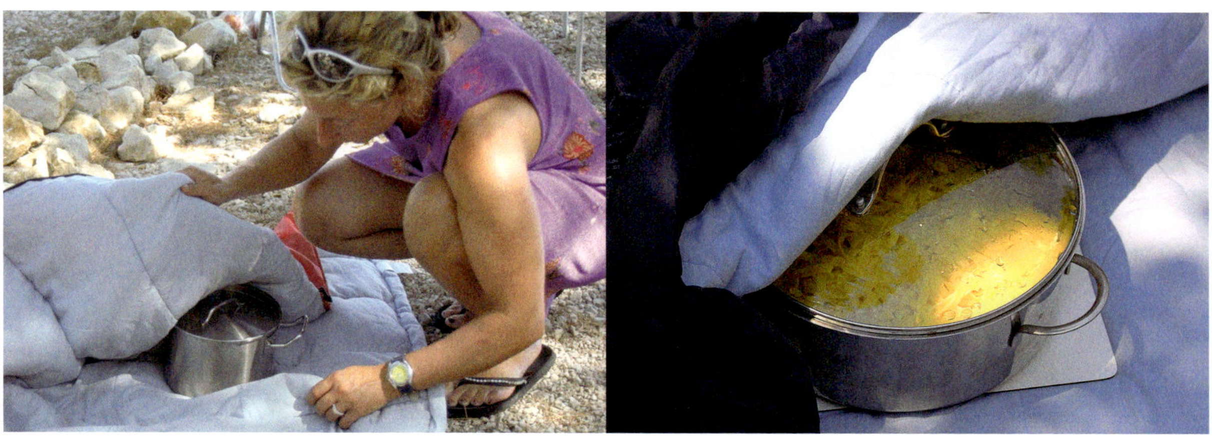

Wann sind die Nudeln fertig? Ein Blick in den Schlafsack genügt. Zur Sicherheit aber ein Brett darunterlegen.

schützt und stoßfest steht – damit die Spaghetti nicht im Schlafsack statt auf den Tellern landen!

Übrigens: Das Kochen in der »Kochkiste« beruht auf dem physikalischen Grundsatz, dass ein Gegenstand, der von schlechten Wärmeleitern umgeben ist, seine Temperatur (warm oder kalt) lange unverändert beibehält. Schon 1909 konnte man dies als Kochempfehlung an die Hausfrau im Buch »Ich kann kochen« (Ullstein & Co.) lesen.

Gemüse aufbewahren beim Zelten? Ein luftiges Plätzchen im Schatten ist ideal.

Beispiele für Koch- und Garzeiten:

Beilage für 4 Portionen	Vorgehensweise	Zeit auf der Kochstelle	Garzeit in der »Kochkiste«
Salzkartoffeln: 300–400 g festkochende Kartoffeln schälen, große Kartoffeln vierteln, mittlere halbieren, kleine ganz lassen.	So viel Salzwasser zugeben, bis die Kartoffeln bedeckt sind. Das Wasser zum Kochen bringen.	Ca. 7 Min.	10–12 Min.
350–500 g Spaghetti (Kochzeit nach Packungsangabe: 8 Min.)	In 3 l kochendes Salzwasser geben.	1–2 Min., dann einmal umrühren.	10–12 Min.
250 g Basmatireis (1½ Tassen) kalt abspülen.	In ½ l (ca. 3 Tassen) Salzwasser aufkochen.	Ca. 7 Min., einmal umrühren.	Ca. 15 Min.
250 g (ca. 1½ Tassen) Langkornreis (parboiled)	In ½ l (ca. 3 Tassen) Salzwasser aufkochen, rühren.	5 Min., dann einmal umrühren.	Ca. 15 Min.
250 g rote Linsen (etwa 1½ Tassen) kalt abspülen.	In ½ l (ca. 3 Tassen) Salzwasser aufkochen.	3–5 Min.	20 Minuten (die letzten Minuten den Deckel öffnen).
250 g Bulgur (ca. 1½ Tassen) waschen.	450 ml Salzwasser aufkochen, den Bulgur hineingeben.	1 Min.	7–10 Min.

Naturmedizin

Insektenstiche versorgen

- Sofern vorhanden, den Stachel vorsichtig entfernen.
- Eine Zwiebelscheibe auf die gerötete Stelle legen: Dies bekämpft den Juckreiz und bringt Kühlung. Oder eine Zitronenscheibe auf die Stichstelle legen.
- Abschwellend bei Insektenstichen wirken Gänseblümchen: Diese einfach mit einem Stein zerquetschen und auf die betroffenen Hautstellen legen.
- Ebenfalls hilfreich: Spitzwegerichblätter.

Linderung bei Sonnenbrand

- Quark auf die geröteten Stellen streichen lindert die Schmerzen.
- Spitzwegerichblätter (siehe Seite 130) helfen bei leichtem Sonnenbrand und bei Insektenstichen: Für kleine bis handtellergroße Stellen: Drei bis vier Blätter nebeneinander legen, verknoten oder einfach zerknüllen und in den Handinnenflächen so lange unter sanftem Druck rollen, bis Saft austritt; diesen auf der betroffenen Hautpartie verteilen. Sie können die Blätter auch klein schneiden oder kurz kauen und dann auftragen.

Die Füße verwöhnen

- **Wenn die Füße müffeln:** Die Wanderung war lang und die Füße haben in den Schuhen geschwitzt. Dann ist ein desodorierendes Fußbad angesagt – die Zimmer-/Zeltpartner werden dankbar sein!
- **So geht's:** Ein Büschel Rosmarin mit 2 l heißem Wasser überbrühen und 15 Minuten zugedeckt ziehen lassen, dann die Flüssigkeit in eine Schüssel schütten und die Füße etwa 15 Minuten darin baden.
- **Peeling:** Meersalz und Olivenöl zu gleichen Teilen mischen und damit die Füße massieren. Auf diese Weise wird die Haut wieder weich.
- **Erfrischungskur für müde Füße:** 3 EL Senf in Wasser einrühren und mit den Füßen darin planschen.

Triefnasenstopp

Ein Salbeiblatt dreifach falten und mit dem Löffel auf einem Holzbrett den Saft freisetzen, dann in die Nase stecken.

Kindern muss man allerdings zugleich klarmachen, dass sie sonst nie etwas ungefragt in die Nase stecken dürfen!

Hilfe bei Halskratzen

Ein paar Salbeiblätter aus unserem Garten gehören immer in unser Reisegepäck, bis wir am Urlaubsort frische finden. Denn Salbei ist nicht nur in der Küche wertvoll, er hilft auch zuverlässig bei Halsweh. Tipp bei Halsschmerzen: Vor dem Schlafengehen je ein Blatt in die Backentaschen schieben und über Nacht darinlassen. Am nächsten Morgen sind die Halsschmerzen meist schon abgeklungen.

Reisekrankheit

Tipp der erfahrenen Heilpraktikerin und Buchautorin Margret Madejsky: »Etwas Ingwerpulver, unter die Speisen gemischt, beruhigt den Magen; oder man kaut einen Teelöffel des frischen Rhizoms oder bereitet daraus einen Tee. Zur Not geht auch kandierter Ingwer. Sogar das Säuglingserbrechen lässt sich lindern, indem die Mutter Ingwer isst.«

Auch Petersilie hat sich als Hausmittel gegen Reiseübelkeit, vor allem bei Kindern, bewährt: Am besten geben Sie Ihren Kleinen bereits am Abend vor Reiseantritt davon, zum Beispiel zu Pellkartoffeln und Karotten. Außerdem empfiehlt es sich, vor Reiseantritt auf eine leichte Kost zu achten!

Streifzug durch die Natur

Auf Reisen durch fremde Landschaften lohnt es sich immer wieder, die Augen offen zu halten: Denn am Wegesrand, auf Wiesen, entlang von Feldern und in Wäldern gibt es oft essbare Kräuter, Pilze oder Beeren zu entdecken. Wir wollen Ihnen die wichtigsten Arten vorstellen, von denen es viele auch auf Märkten gibt. Dabei ist es stets ein ganz besonderes Erlebnis, unvermittelt in der Natur auf diese Schätze zu treffen, sie zu ernten und frisch in der Urlaubsküche zu genießen: Vielleicht finden Sie den ersten Steinpilz oder pflücken ein Zweiglein Rosmarin fürs Ratatouille – kommen Sie mit auf unseren Streifzug ...

Unterwegs auf Beerenjagd

Selbst gesammelte Beeren schmecken nochmal so gut wie gekaufte. Wer mit offenen Augen durch die Natur streift, entdeckt sie vom Sommer bis zum Herbst immer wieder: Himbeeren locken prall und saftig am Wegesrand, Preiselbeeren leuchten aus dem lichten Hochwald, Sanddorn hilft die Dämme nördlicher Küsten zu befestigen. Hier unsere sieben Beerenfavoriten zum Selbersammeln. Daneben gibt es natürlich noch viele weitere wilde Beeren und Früchte, die lecker schmecken, voller wertvoller Inhaltsstoffe stecken und die zu entdecken sich lohnt: ob Schlehe, Berberitze, Walderdbeere, Weißdornbeere oder Felsenbirne.

Lecker nur gekocht:
Preiselbeeren

Das Ernten geht hier flott von der Hand, da die Büsche sich nicht mit Dornen wehren und die tiefroten Beeren griffbereit in Trauben beieinander sitzen und beim Abzupfen nicht matschig werden. Die hübschen Zwergsträucher (Vaccinium vitis idaea) finden sich vor allem in skandinavischen Ländern, aber auch bis in die Alpen, und dort noch in 3000 Meter Höhe: Die Beeren leuchten im Herbst aus dem Unterholz von sonnigen Waldhängen, von Kiefernwäldern, im lichten Hochwald, vor allem auf moorigen Böden. Das Naschen bereitet allerdings wenig Freude, da die Früchte roh nicht schmecken. Ihren herben Geschmack verdanken sie organischen Säuren und Gerbstoffen.

Küche: Gekocht schmecken sie zu gebackenem Camembert (lecker zusammen mit frittiertem Salbei), zu Omeletts, zu Wild und in fruchtigen Marmeladen, als Saft und Likör.

So geht's: Gewaschene Beeren mit einem Schuss Wasser 30 Minuten stehen lassen, dann Zucker im Verhältnis 3:1 (3 Teile Beeren, 1 Teil Zucker) dazugeben, aufkochen, bis die Beeren weich sind, und in Gläser abfüllen.

Wilde Beeren mit blauem Saft:
Heidelbeere

Das Fruchtfleisch ist blau, ihr Saft färbt stark – dies unterscheidet sie von ihren kultivierten Verwandten. Heidelbeeren (Vaccinium myrtillus) findet man im Sommer in ganz Mittel- und Nordeuropa. Die dunkelblauen, teils bereiften Waldheidelbeeren siedeln sich am liebsten in lichten Misch- und Nadelwäldern, auf Heiden und Torfmooren auf sauren Böden an. Sie stecken voller Mineralstoffe, Vitamine, wirken entzündungshemmend und immunstärkend.

Küche: Frisch mit Milch und Zucker, für Omeletts, Suppen, als Saft, Kompott, Konfitüre, Likör oder Wein. Trockene Beeren lindern Magenbeschwerden.

So geht's:

- Entsaften: Reife Beeren im Topf mit wenig Wasser weich kochen, dann durch ein Sieb abseihen, mit dem Löffel ausdrücken, den Saft noch einmal erhitzen und in Flaschen mit Drehverschluss füllen; den Saft kann man später nachsüßen. Er schmeckt gut mit Milch und Zucker vermischt oder mit dem Schäumer gemixt.
- Trocknen: Die unversehrten Beeren auf ein Tuch in die Sonne legen. Wenn sie angetrocknet sind, luftig und schattig fertig trocknen.

Kein Naschen ohne Kratzer:
Brombeere

Die stacheligen Sträucher grüßen oft unterwegs an Waldrändern und Wegböschungen und an sonnigen Hängen. Beim Zupfen der Beeren (Rubus fruticosus) vom Strauch geht es meist nicht ohne ein paar Kratzer ab. Schlaue Gärtner haben mittlerweile stachellose Sorten gezüchtet.

Küche: Reife, überzuckerte Beeren schmecken mit Quark oder flüssiger Rahm, im Obstsalat oder als Likör. Die jungen Blätter des Strauchs ergeben übrigens einen gesunden, magenstärkenden Tee und sind in vielen Mischungen enthalten.

Scharlachrote Energiespender:
Himbeere

Die Früchte (Rubus idaeus) schmecken nicht nur lecker, sie sind auch gute Vitamin- und Mineralstoffspender, und ihr Saft wirkt zudem fiebersenkend. Himbeeren leuchten im Hochsommer aus Gebüschen an sonnigen Waldrändern, Böschungen und Kahlschlägen. Tipp: An kargen Standorten sind die Früchte besonders aromatisch. Bereits im Mai können Sie die jungen Blätter für Tees sammeln; wie die der Brombeere stecken sie voller Gerbstoffe und haben daher heilende Wirkungen.

Küche: Groß und Klein lieben sie roh, auch mit Quark, Ricotta oder Rahm. Fein schmecken heiße Himbeeren mit flüssigem Rahm.

Hier wohnt Frau Holle:
Holunder

Unsere Vorfahren zogen den Hut vor ihm: Seit der Keltenzeit wurde der Hollerstrauch als wertvoller Helfer und Begleiter der Menschen geschätzt. Die Germanen sahen im Holunder den Wohnort ihrer Göttin Holla, der großen Mutter, die sich bis heute in der Figur der Frau Holle erhalten hat. Schwarzer Holunder (Sambucus nigra) findet sich europaweit häufig entlang von Waldrändern, Feld-

Von links oben nach rechts unten: Preiselbeere, Himbeere, Heidelbeere, Holunder, Brombeere, Sanddorn, Hagebutte.

fluren, in Gärten, an Stallungen und Scheunen. Der im Frühling aus den Holunderblütendolden bereitete Tee oder der im Herbst gewonnene Beerensaft wirken schweißtreibend und mobilisieren die körpereigenen Abwehrkräfte. Die Beeren nicht roh verzehren, sie können Übelkeit hervorrufen!

Küche: Holunderblütendolden im Mai/Juni bei sonnigem Wetter schneiden und gut ausschütteln, oder auf einem Tuch ausbreiten, bis die kleinen Krabbelkäfer die Flucht ergriffen haben. Die Dolden ausbacken (siehe Rezept Seite 15). Oder daraus einen feinen Tee bereiten (1–2 Holunderblütendolden auf ½ l Wasser) – hilft bei fieberhaften Erkältungen. Für Holunderblütenmilch 2–3 Dolden in ½ l Milch erhitzen, 10 Minuten ziehen lassen, die Dolden entfernen und die zart-aromatische Milch heiß oder kalt genießen. Aus den Beeren Suppe (siehe Seite 22), Saft, Sirup, Gelee oder Likör herstellen.

Leuchtbojen an der Küste:
Sanddorn

Sanddorn ist ein Multivitaminspender vom Feinsten, der gesüßte Saft bringt vor allem die Kleinen gut über den Winter. Den Strauch (Hippophae rhamnoides) findet man oft in den Küstenregionen nördlicher Länder, wo er als robuste Pionierpflanze Dünen, Dämme und Böschungen befestigt, aber auch auf Schotterflächen in Gebirgsregionen. Die orangefarbenen Beeren leuchten ab Ende August bis Mitte September aus dem silbrigen, weidenähnlichen Laub. Die saftigen Früchte mit dünner Haut zerdrückt man beim Ernten leicht, daher am besten ein Tuch unter den Strauch legen und die Beeren mit dem Gemüsemesser oder einer feinen Nagelschere abschneiden.

Küche: Der Saft schmeckt aufgeschäumt in Milch mit Honig, als Quarkspeise auch mit anderen Früchten oder im Müsli.

So geht's: Sanddornbeeren, mit Wasser bedeckt, kurz kochen, den Fruchtbrei durch ein feines Sieb in den Topf streichen und den Saft etwa im Verhältnis 3:1 mit Zucker oder Honig 5 Minuten einkochen.

Feuerrote Kugeln:
Hagebutte

Wildrosen (Rosa-Arten) grüßen europaweit bis in mittlere Bergregionen an Waldrändern und als Hecken. Die Blüten und Beeren aller Rosenarten sind essbar. Besonders ergiebig ist die stark duftende Kartoffelrose (Rosa rugosa) mit ihren recht großen Früchten. Hagebutten sind übrigens botanisch gesehen keine Beeren, sondern Scheinfrüchte, wobei jedes einzelne Kernchen eine Steinbeere darstellt.

Hagebutten enthalten rund 25-mal mehr Vitamin C als Orangen. Daher ist es gesund, im Herbst reife, bereits weiche Hagebutten zu pflücken und das Fruchtmark herauszudrücken und zu naschen (Kerne und Härchen wieder ausspucken, sie können jucken); härtere Früchte einritzen und mit einem kleinen Löffelstiel entkernen.

Küche: Für Hagebuttensirup die gewaschenen Früchte (500 g) ohne Blütenansatz und Stiel knapp mit Wasser bedeckt 30 Minuten kochen, durch ein feines Sieb streichen, etwa die gleiche Menge Wasser dazugeben, zuckern (nach Belieben 1 Prise Zimt zugeben), aufkochen und den Sirup in eine Flasche abfüllen. Schmeckt zu Quark, Süßspeisen und im Tee. Für Tee die entkernten Früchte schattig und luftig trocknen. Auf ½ l Wasser nimmt man etwa ½ Handvoll Früchte.

Aufgepasst:
Nur Bekanntes ernten

- Ernten Sie nur die Beeren und Früchte, die Sie wirklich kennen und ziehen Sie im Zweifelsfall Bestimmungsbücher oder Fachleute vor Ort zu Rate! Erklären Sie vor allem auch Kindern, dass sie nie ungefragt Beeren, Blüten und Blätter sammeln und in den Mund stecken sollen, sondern immer erst Sie fragen. Zeigen Sie ihnen, dass ein verlockendes Aussehen täuschen kann. Bestes Beispiel hierfür ist die Tollkirsche.
- Sammeln Sie nur abseits von Straßen, an sauberen Plätzen ohne Hundekot, waschen Sie Ihr Erntegut gründlich und lassen Sie es im Sieb abtropfen. Als Mitbringsel füllt man Beerensauce oder -marmelade in saubere Gläser mit Schraubverschluss ab.
- Wegen der Gefahr des Fuchsbandwurms ernten Sie Beeren, die Sie frisch verzehren möchten, besser erst ab Kniehöhe, bei Eingekochtem (Erwärmen über 60 Grad) besteht jedoch keine Gefahr.

Oben: Hagebuttensuppe (siehe Seite 22) mit Schlagsahne und gerösteten Mandeln. Unten: Hagebuttenmus auf Knäckebrot, ein Vitamin-C-Spender für gesunde Herbsttage.

Pilze: Ein Männlein steht im Walde ...

Pilze sammeln ist für viele eine Leidenschaft: das Glücksgefühl, plötzlich einem stämmigen, wohlgeformten Steinpilz gegenüberzustehen, das Staunen über die riesigen Hüte eines Parasols oder die Freude über die quietschgelben, aprikosenzart duftenden Pfifferlinge - ein Waldspaziergang ist ein sinnliches Abenteuer. Umso mehr, wenn man anschließend gemeinsam die Beute in der Pfanne brutzelt und genießt. Vielleicht nehmen auch Sie sich unterwegs in der Natur oder im Urlaub auf der Alm wieder einmal Zeit dafür. Dabei gilt: Lieber weniger Arten gut kennen, als viele nur unsicher bestimmen. Daher stellen wir fünf beliebte Pilzarten vor, die Kinder - zumindest theoretisch - bereits in der dritten Klasse kennenlernen. Und wenn unsere Kleinen dann ehrfürchtig vor einem Fliegenpilz oder gar einem Knollenblätterpilz stehen, dann wissen wir, dass sie längst verstanden haben, dass beim Pilzesammeln Vorsicht geboten ist.

Blau auf Fingerdruck:
Maronenröhrling

Den Maronenröhrling (Boletus badius) finden Sie von der Küste bis zu den Alpen. Er versteckt sich am liebsten in alten Fichtenwäldern, gerne zwischen den Wurzelausläufern, wo er von Juni/Juli bis November sprießt.

Der Maronenröhrling schmeckt fast so gut wie der Steinpilz. Seine zunächst kugeligen Hüte sind rötlich-, oliv-, kastanienfarben oder gar schwarz; später entfaltet er sie polsterförmig bis zu 15 cm Durchmesser. Die Röhren auf der Hutunterseite sind blass cremefarben bis zitronengelb und mit dem Stiel verwachsen. Wer sie drückt, kann sogleich sehen, wie sich der Hut unterseits blaugrün verfärbt. Ältere Exemplare stecken leider oft voller Würmer.

Küche: roh ungenießbar; gebraten, getrocknet

Verwechslungen:
- Steinpilz: Ein naher Verwandter, der jedoch auf Druck nicht blaugrün wird und außerdem am Stiel eine Netzzeichnung aufweist.
- Rotfußröhrling, Filzröhrling, Sandröhrling: nicht tragisch, da alle essbar

Wohlgeformt und stämmig:
Steinpilz

Pilzfreunde finden ihn meist von Juni bis Oktober unter Fichten, zuweilen auch unter Buchen. Er steht auf einem festen, dicken Stiel, der oft breiter ist als der Schirm und als Markenzeichen vor allem im oberen Bereich ein Netzmuster trägt. Das unterscheidet ihn auch von verdächtigen und ungenießbaren anderen Arten. Außerdem läuft der Steinpilz (Boletus edulis) nie an, wenn Sie sein weißes Fleisch verletzen oder anschneiden. Sein hell- bis dunkelbrauner Schirm wölbt sich immer leicht nach unten und ist mitunter etwas klebrig. Er duftet angenehm und schmeckt wunderbar nussig-mild. Die Röhren auf der Hutunterseite sind weißlich bis gelblich, im Alter graugrünlich und verfärben sich nicht. Verwandte, ähnlich aussehende Arten, sind der Kiefernsteinpilz (B. pinophilus) und der Eichensteinpilz (B. reticulans; B. aestivalis), deren Namen bereits verraten, wo sie vorzugsweise wachsen.

Küche: frisch, in Scheiben geschnitten getrocknet, in Essig, Öl

Verwechslungen:
- Gallenröhrling: Er hat schon so manches Steinpilzgericht verdorben; bereits beim vorsichtigen Lecken an der Schnittstelle des rohen Pilzes schmeckt er so bitter, dass er sich trotz der äußerlichen Ähnlichkeit sofort verrät.
- Maronenröhrling: siehe oben.

Quietschgelber Dufter:
Pfifferling

Sein fröhliches Farbspektrum reicht von Dotter- bis Goldgelb, sein Duft wird als aprikosen- oder mirabellengleich umschrieben. Auf der Zunge entfaltet er ein wunderbar pfeffriges Aroma. In Osteuropa ist er noch häufig, in Mitteleuropa leider seltener anzutreffen. Von Juni bis Oktober leuchten Pfifferlinge (Cantharellus cibarius) am liebsten aus jungen Fichten- und auch Buchenwäldern.

Küche: frisch, nicht trocknen

Verwechslungen:
- Falscher Pfifferling: ungiftig, duftet nicht.
- Ölbaumpilz: in südlichen Ländern; Lamellen statt Leisten; Holzbewohner; giftig; duftet nicht.

Mit Riesenschirm und Manschette:
Parasol

Immer wieder begeistern die riesigen, bis 30 cm großen Parasolschirme (Macrolepiota procera) Groß und Klein. Die Hüte junger Pilze sind dagegen eiförmig bis kugelig, ähnlich wie Paukenschlegel. Die Haut des Huts trägt immer hell- und dunkelbraune Schuppen, die Mitte ist glatt, der Stiel ist immer geschuppt. Das Pilzfleisch verfärbt sich nicht bei Verletzung und riecht immer nussartig. Kinder schieben gerne die bewegliche Manschette am Stiel auf und ab - ein sicheres Erkennungszeichen! Der Parasol zeigt sich von

Von links oben nach rechts unten: Maronenröhrling, Steinpilz, Pfifferlinge, Parasol, Birkenrotkappe.

Juli bis Oktober und liebt lichte Stellen im Wald und an Waldrändern. In der Pfanne landen meist nur die nussig duftenden Hüte, da die ebenfalls schuppigen, hohlen Stiele älterer Exemplare recht zäh sind.

Küche: frisch (nussiger Geschmack); nach dem Sammeln rasch verwenden

Verwechslungen:

Safranschirmling (Macrolepiota rhacodes): ebenfalls essbar. Ist glattstielig und riecht nicht nussartig. Die dunkelhütige Varietät ist der Rötende Schirmling, der oft nahe Kompostplätzen gedeiht: Sein Fleisch rötet sich bei geringster Verletzung, sein Genuss kann bei empfindlichen Personen zu Magenverstimmung führen.

Bei Anschnitt Farbe:

Birken-Rotkappe

Das Fleisch des Röhrenpilzes (Leccinum versipelle) verfärbt sich nach dem Anschneiden unappetitlich grau bis sogar schwarz. Dies ist ein wichtiges Erkennungsmerkmal, das im Übrigen den Genuss nicht mindert. Sein Hut ist gelbbraun bis ziegelorange, matt, kaum filzig und am Rand immer leicht überhängend. Der weißliche Stiel ist charakteristisch mit schwärzlichen Schuppen bedeckt. Die Pilze vor allem in Deutschland nur in kleinen Mengen für den Eigenbedarf sammeln; in skandinavischen Ländern zählt er jedoch zu den häufigsten Speisepilzen und gedeiht dort gerne unter Birken in Heidelandschaften, oft zusammen mit Preiselbeeren. Nach einem feuchten Frühsommer tritt die Birken-Rotkappe von Juni bis Oktober mitunter in Massen auf.

Küche: frisch, getrocknet

Verwechslungen:

- Ungefährlich mit anderen Rotkappenarten wie Eichenrotkappe (L. quercinum) und Espenrotkappe (L. rufum) mit lebhafter orange gefärbtem Hut und rötlichen Stielschüppchen.
- Birkenpilze (wie Leccinum scabrum): verwandte essbare Arten, zierlicher und die Huthaut am Rand nicht überstehend; das Fleisch wird schnell weich und verfärbt sich an der Schnittfläche nur schwach.

Schon gewusst?
Pilze richtig sammeln

- Nur Pilze sammeln, die man sicher erkennt, und immer nur die Menge, die man braucht.
- Im Zweifelsfall immer den Rat von Experten vor Ort einholen; zusätzlich Bestimmungsbücher mitnehmen. Vielleicht haben Sie Glück und dürfen Ortsansässige beim Pilzesammeln begleiten.
- Pilze vorsichtig mit einem Gemüse- oder Pilzmesser abschneiden oder herausdrehen.
- Damit das Pilzgeflecht nicht austrocknet, das Loch im Boden wieder zudrücken.
- Kleine Pilze stehen lassen, ebenso alte ungenießbare Exemplare. Keine Pilze zertreten; sie sind auch Nahrung für Tiere.
- Die gesammelten Pilze in luftige Leinensäcke oder Körbchen legen, nicht in Kunststofftüten.
- Zuhause lassen sich Erde, Moos und Pflanzenreste mit einem Messerrücken leicht abschaben. Die Pilze anschließend lieber mit einem leicht angefeuchteten Baumwolltuch oder Küchenpapier abtupfen statt waschen: Vor allem Röhrenpilze saugen viel Wasser auf und werden dann beim Zubereiten schwammig.

Aufgepasst:
Auf Strahlenbelastung achten

Auch heute noch, über zwanzig Jahre nach dem Reaktorunglück von Tschernobyl, sind Pilze in verschiedenen Regionen Europas je nach Art unterschiedlich stark belastet. Daher erkundigen Sie sich im Zweifelsfall bei den Einheimischen oder fragen den Förster. Dies gilt vor allem für leidenschaftliche Pilzsammler, die dazu alljährlich in ihre Lieblingsregion fahren. Gegen wenige Pilzmahlzeiten im Jahr ist jedoch auch von Expertenseite nichts einzuwenden.

Vom Zauber leckerer Blüten

Blüten schmeckten bereits den alten Römern, die ihre Gerichte mit Veilchen-, Nelken- und Rosenblüten verfeinerten. Die Inkas hatten es auf die Sonnenblume abgesehen, die Perser auf die Kapuzinerkresse, während die Chinesen bis heute gerne Taglilien verspeisen. Unterwegs in der Natur kann man vom Frühling bis zum Herbst Blüten sammeln: zarte Veilchen, die Essig blau färben, Huflattichsonnen für leckeren Sirup, im Frühsommer Rosenblüten – es gibt eine Vielzahl an essbaren Blüten, die nicht nur hübsch aussehen, sondern auch fein schmecken. Mit einigen passenden Blütenblättern geben Sie auch einem einfachen, improvisierten Mahl das gewisse Etwas.

Rezepte mit Blüten finden Sie auch unter den »Leckeren Geschenken«, Seite 99ff.

In der Natur sammeln: Veilchen, Huflattich, Schlüsselblume, Gänseblümchen, Löwenzahn, Schafgarbe, Rot- und Weißklee, Nachtkerze, Königskerze, Johanniskraut, Wilde Malve, Eibisch, Wildrosen.

Auf Märkten und in Gärten: Kapuzinerkresse, Ringel- und Sonnenblume, Duftblattpelargonie, Dahlie, Primel, Phlox, Glockenblume, Taglilien, Stockrosen, Gemüseblüten wie Zucchini (siehe Rezepte Seite 49, 55, 74, 84 sowie Seite 136).

Kräuterblüten: Lavendel, Oregano, Thymian, Schnittlauch, Süßdolde, Bärlauch, Borretsch und andere mehr schmecken lecker, z.B. in Gemüse oder Salat oder auch eingelegt (siehe Rezepte Seite 15, 24, 36, 72, 74, 75, 82, 84 sowie Seite 103, 104, 106 und 128ff.).

Schon gewusst?
Blüten-Sammeltipp

- Zum Sammeln Papiertüten oder Leinenbeutel mitnehmen.
- Die Blüten halten sich in einer mit Wasser gefüllten Schale einige Stunden frisch. Dabei sind sie Tischdekoration und hübscher Augenschmaus zugleich.

Aufgepasst:
Auf Unbekanntes verzichten

Verwenden Sie nur essbare Blüten, die Sie sicher kennen; andernfalls ziehen Sie Fachleute oder Bestimmungsbücher zu Rate oder verzichten im Zweifelsfall auf Unbekanntes! Wer sicher gehen will, streut einfach ein paar Blüten ihm bekannter mediterraner Würzkräuter wie Rosmarin, Thymian und Lavendel über den Salat.

Frische Kräuter von der Bergwiese: Johanniskraut, Schafgarbe und Quendel ergeben wohlschmeckende Tees.

Wild ernten: Feine Kräuter selbst entdecken

Vielleicht sind Sie gerade von grünen Schätzen umgeben, ohne es zu ahnen. Manche Kräuter gedeihen möglicherweise in Griffweite, nur wenige Meter vom Zelt, Ferienhaus, Wohnmobil oder der Hütte entfernt. Vielleicht säumen knorrige Rosmarinbüsche oder eine Lorbeerhecke Ihren Stellplatz. Es lohnt sich nachzusehen! Denn aromatische Kräuter verleihen gerade einfachen Speisen den besonderen Pfiff. Wir stellen ihnen die gebräuchlichsten Kräuter vor, die Sie auch in unseren Rezepten immer wieder finden, und wollen Sie dazu anregen, sich auch im Urlaub oder unterwegs auf die Suche nach den wertvollen Küchenhelfern zu machen. Vor allem in Mittel- und Nordeuropa übersieht das ungeschulte Auge leicht die unscheinbaren Küchen- und Heilkräuter, während in mediterranen Regionen Rosmarin, Salbei, Thymian und Lavendel mit ihren aromatischen Düften »unüberriechbar« auf sich aufmerksam machen. Wer nicht selbst suchen will, kann die Kräuter natürlich auch auf Märkten frisch oder getrocknet erwerben. Viele Einheimische – Wirtsleute, Bauern, Gemüse- und Obsthändler – teilen gerne auch ihr kulinarisches Wissen.

Mittel- und Nordeuropa

Der wilde Knoblauchverwandte: Bärlauch

Sein Geruch ist unverkennbar: Den Waldknoblauch (Allium ursinum) finden Wanderer europaweit meist in größeren Beständen, die sich als grüne Blattteppiche unter Laubbäume legen. Man erntet die zarten, schmackhaften Blätter möglichst jung, noch ehe die weiße, ebenfalls essbare Doldenblüte erscheint. Zuvor reiben Sie sicherheitshalber am Laub: Der »Knofelduft« unterscheidet den Bärlauch zuverlässig von giftigen Pflanzen wie dem Maiglöckchen (dessen Blätter treiben später aus und sind zigarettenähnlich eingerollt) und der Herbstzeitlosen (deren Blätter jeweils zu dreien stehen, nicht wie beim Bärlauch paarweise).

Küche: frisch aufs Brot, in Frischkäse, Kräuterbutter, Quark und Salate, in Pesto, eingelegt in Öl oder Essig; gedämpft als Suppe, zum Gemüse

Die Königin der Heilkräuter: Brennnessel

Sie begegnet uns auf Schritt und Tritt, an Weg- und Waldrändern und selbst in der Nähe von Häusern: die zu Unrecht missachtete, von vielen gar gemiedene Brennnessel (Urtica dioica). Viele Kräuterkundige rühmen sie als die Königin der Heilkräuter, denn sie steckt voller Mineralstoffe wie Eisen, Calcium und Magnesium und empfiehlt sich für eine leckere Frühjahrskur. Zum Ernten fassen Sie die jungen Triebe einfach am Stiel – sie brennen nicht – oder wickeln sich ein (Geschirr-)Tuch um die Hand.

Küche: Blätter, klein geschnitten, in Distelöl knusprig oder weich gedünstet; kurz angebraten mit Nudeln oder Bratkartoffeln; blanchiert wie Spinat als Gemüse, als Suppe oder frisch im Salat

Würziges vom Ufer: Brunnenkresse

Vielleicht campieren Sie gerade in der Nähe eines klaren, sauberen Baches irgendwo in Europa? Dann lohnt es sich nachzusehen: Die Echte Brunnenkresse (Nasturtium officinale) erfrischt und bringt müde Urlauber auf Trab, da sie voller Vitamine und Mineralien steckt. Wen unterwegs eine Zahnfleischentzündung plagt, der sollte mehrmals täglich ein paar frische Blätter davon kauen. Das ausdauernde Gewächs erkennt man an den kantig-waagrechten Stengeln und den rundlich-fiederförmigen, sattgrünen Blättern. Schwangere sollten wegen der zu stark harntreibenden Wirkung auf den Genuss der Pflanze verzichten.

Küche: in Suppen, Salaten, zu Steaks, Eierspeisen, Frischkäse und Quarkgerichten und auf Brote

Gesundes Wiesengelb: Löwenzahn

Die Pusteblume, wie sie der Volksmund auch nennt (Taraxacum sect. ruderale), kennt beinahe jedes Kind. Die hübschen, honigartig duftenden Blüten leuchten uns vor allem aus nährstoffreichen Fettwiesen entgegen. Wer zeitig im Jahr unterwegs ist, kann die noch ungeöffneten Blüten wie Kapern genießen (siehe Seite 12, 103).

Küche: junge Löwenzahnblätter wie Rucola im Salat oder blanchiert wie Spinat verwenden; die zerpflückten Blüten über Salate streuen

Für die Frühjahrskur: Sauerampfer

In der Gründonnerstagssuppe dürfen seine jungen Blätter nicht fehlen: Den Sauerampfer (Rumex acetosa) finden Sie auf feuchten Wiesen und Weiden sowie an Waldrändern in ganz Europa. Die Landbevölkerung bindet ihn traditionell in die Kräuterbuschen zu Maria Himmelfahrt (15. August). Vom Sauerampfer sollten Sie aufgrund seines Oxalgehalts keine größeren Mengen verzehren.

Von links oben nach rechts unten: Bärlauchblüte, Löwenzahnblüte, Brennnessel, Sauerampfer, Brunnenkresse, Spitzwegerich.

Küche: die jungen, frisch-säuerlich schmeckenden Blätter im Frühling in Grüner Sauce, in Suppen, blanchiert wie Spinat, in Salaten und in Quark

Das Wundblatt der Germanen:
Spitzwegerich

Als Helfer unterwegs ist der Spitzwegerich (Plantago lanceolata) immer wieder wertvoll: Der Saft seiner Blätter lindert einen leichten Sonnenbrand ebenso wie Insektenstiche und unterstützt die Wundheilung (siehe Seite 117). In Zucker oder Honig eingelegt, dient er als Hustensaft. Seine spitz-lanzettlichen Blätter, die in bodenständigen Rosetten sitzen, finden Sie europaweit allerorten: auf Wiesen, an Wegrändern sowie an trockenen, sonnigen Stellen.

Küche: junge Blätter vor allem im Frühjahr im Salat; in der Neunerlei-Suppe, gedünstet als Wildgemüse, in Honig eingelegt; Blätter frisch als Tee überbrüht

Rund ums Mittelmeer

Zauber der Provence:
Lavendel

Ein Lavendelzweig kann unterwegs die Rettung sein: Er hilft in ungewohnter Umgebung beim Einschlafen und verleiht muffiger Wäsche aus dem Koffer oder Rucksack ein frisches Aroma. Lavendel (Lavandula angustifolia) finden Sie wild wachsend im gesamten Mittelmeerraum an trockenen, warmen Hängen. Vielerorts bieten ihn Händler auf Märkten an, ebenso Lavendelprodukte wie Duftsäckchen und Lavendelwasser. In der Provence und in manchen Feinkostgeschäften sind sogar mit Lavendel aromatisierte Fruchtmarmeladen erhältlich.

Küche: die frischen Blätter oder Blüten sparsam dosiert ähnlich wie Rosmarin verwenden zu Lamm, Kalb, Hase, Ziegenkäse, Quarkspeisen und Fruchtdesserts, in Marmeladen und Sommerbowlen; zum Einlegen in Öl oder Wein

Kränzte bereits Julius Cäsars Haupt:
Lorbeer

Ein paar frische Lorbeerblätter in der Sauce oder Suppe helfen, den Appetit nach einer anstrengenden Reise wieder anzuregen. Lorbeersträucher (Laurus nobilis) finden Sie im gesamten Mittelmeerraum, oft auch als Sträucher in Gärten und Grünanlagen.

Küche: zum Aromatisieren von Suppen, Saucen, in Gewürzmischungen und im Bouquet garni (siehe Rezepte Seite 29)

Oben Lavendel, unten Lorbeer.

Oben Majoran, unten Oregano.

Griechenland-/Italientipp

Lorbeer wächst vor allem in diesen Ländern oft als dichte, immergrüne Hecke – vielleicht auch auf dem Stellplatz ihres Campingplatzes? Einzelne Blätter können Sie getrost zupfen, ohne dem Grün zu schaden. Selbst geerntetes frisches oder im Schatten getrocknetes Laub schmeckt besonders fein – kein Vergleich zu dem oft viele Jahre alten graugrünen Laub im Gewürzschrank!

Geliebtes Wurstkraut:
Majoran

Wer im Urlaub gerne Würstchen grillt und deftige Kost liebt, sollte ihn auf einer Reise in den Süden zu nutzen wissen: Das Wurstkraut, wie der Majoran (Origanum majorana) auch im Volksmund heißt, schmeckt nicht nur herzhaft; seine Inhaltsstoffe machen fette Speisen auch leichter verdaulich. Außerdem hilft das frische Kraut als Tee, Kräuterhonig oder Kräuterbutter bei Husten und Erkältungen der oberen Atemwege. Er wächst wild an warmen, sonnigen Plätzen rund ums Mittelmeer.

Küche: zu Würsten und Schweinebraten, Geflügel und Leber; auch zu Kartoffel- und Pilzgerichten, zu Hülsenfrüchten und in deftigen Gemüseeintöpfen

Arabien-/Israeltipp

In diesen Ländern ist der Zatar (Za'atar) oder Arabische Majoran (Origanum syriacum) mit seinen kleinen, stumpfeiförmigen Blättern ein sehr beliebtes Gewürzkraut, das bereits seit biblischen Zeiten Fladenbrot, Oliven, Fleisch und Gemüse würzt. Zatar heißt auch eine bekannte Gewürzmischung, die neben dem getrockneten Kraut noch geröstete Sesamkörner, Meersalz sowie andere Kräuter enthält.

Schmuck der Berge:
Oregano, Dost

Majoran und Oregano sind enge Verwandte, die sich sowohl in der Urlaubsküche wie in der Reiseapotheke ähnlich verwenden lassen. Oregano (Origanum vulgare) finden Sie wild wachsend im gesamten Mittelmeerraum, in Mitteleuropa gedeiht er an Waldrändern, Böschungen und auf trockenen Wiesen. Seine kleinen stumpf-graugrünen, herzförmigen Blätter duften aromatisch, ebenso die hellpurpurnen, selten weißen Blüten.

Küche: ähnlich würzig, jedoch mit einem weniger holzigen, wärmeren Aroma als Majoran; klassisch für alle Tomaten- und Pastagerichte, zu Kartoffelgerichten, in deftigen Eintöpfen wie Bohnen- und Erbsensuppe, sowie zu Leber und Schweinefleisch

Oben: links Rosmarin, rechts Marokkanische Minze. Unten: links Salbei, rechts wilde Rauke.

Süditalientipp
Oregano, der wild an trockenen, warmen Plätzen wächst, ist das klassische Pizzagewürz. Er schmeckt wesentlich aromatischer als seine deutschen Verwandten.

Aphrodite geweiht:
Rosmarin

Die alten Griechen weihten den immergrünen Strauch (Rosmarinus officinalis) der Liebesgöttin Aphrodite – für Paare auf Liebesurlaub ist er daher genau das Richtige: Rosmarinwein dient von jeher als mildes Aphrodisiakum, daneben stärkt er die Verdauung, den Appetit und die Nerven. Rosmarin wächst rund ums Mittelmeer an sonnigen, eher felsigen Stellen und würzt die Sommerluft aufs Feinste. Oft finden Sie ihn in südlichen Gefilden in beneidenswerter Fülle: als Heckenpflanze, in Töpfen und als hübscher, kultivierter oder wild wachsender Strauch mit zartlila, blassblauen oder weißlichen Blüten.

Küchentipp: in Öl, Wein, zu kräftigen Fleischgerichten wie Lamm und Kaninchen, zu Karotten, Kartoffeln, Tomaten, Auberginen und für Kenner sogar zu Süßspeisen. Rosmarin kann man bereits zu Beginn der Kochzeit zugeben. Frische wie getrocknete Nadeln am besten erst kurz vor Gebrauch zerkleinern, um das Aroma zu erhalten. Bereits geschnittene, fertig gekaufte Ware schmeckt oft ranzig.

Für jeden Geschmack:
Minze

Minzen finden Sie europaweit wild wachsend in verschiedenen Arten. Eine davon ist die Wasserminze (Mentha aquatica): Wer an Bächen oder Seen campiert, dem duftet sie erfrischend entgegen. In Kultur gibt es Minzen in vielerlei Sorten mit unterschiedlichen Aromen. Aus frischen Minzeblättern lässt sich ein feiner Tee brauen, der auch bei Magenverstimmung hilft. Ätherisches Pfefferminzöl hilft übrigens, die Konzentration verbessern, und erfrischt den Geist: Dazu je einen Tropfen auf die Schläfen tupfen. Diesen Trick wenden wir gerne an, um lange Autofahrten besser zu überstehen.

Küche: traditionell zu Lamm, in Quarkspeisen, zu Frischkäse und Ayran

Korsikatipp
Die wild wachsende korsische Minze (Mentha requienii) bildet Polster aus unzähligen winzigen Blättchen. Aus ihr wird der berühmte »Crème de Menthe« (Minzlikör) hergestellt. Wer das Kraut frisch oder getrocknet in ein Baumwolltuch gibt und dieses zuknotet, besitzt im Handumdrehen ein aromatisches Urlaubssouvenir!

Nordafrikatipp
Wer Marokko oder Tunesien bereist, lernt unweigerlich den aromatischen Pfefferminztee kennen, der dort dem Besucher gerne serviert wird. Berühmt ist die Marokkanische Minze (Mentha spicata var. crispa) mit rötlichen Stengeln, hellgrünem Laub und süß-minzigem, kühlendem Geschmack.

Türkeitipp
Ohne die dunkelgrüne Krause Minze (Mentha spicata var. crispa) käme hier kein Koch aus: Das bekömmliche Kraut würzt salzige Speisen wie Gemüse- und Fleischgerichte mit seinem fruchtigen Kümmelaroma.

Feinschmeckerkraut für Kenner:
Rauke

Sie schmeckt intensiver und aromatischer als ihre berühmte Schwester, die Salatrauke (Eruca sativa): Die Rede ist von der kaum bekannten wilden Rauke (Diplotaxis tenuifolia). Bereits wenige Blättchen reichen aus, einem Salat Würze zu verleihen! Auf unserer letzten Reise nach Kroatien leuchtete sie uns mit ihren schwefelgelben Kreuzblüten und den schmalen, gezackten Laubblättern in Küstennähe entgegen. Im Gegensatz zu ihrer kultivierten Verwandten ist sie mehrjährig und ihr Laub feiner gefiedert. Sie findet sich auch wild wachsend in Mitteleuropa. Mit würziger Schärfe fördert sie die Verdauung und den Appetit.

Küche: Blätter wie Spinat gekocht, in/als Salat und zu mildem oder würzigem Käse

Für ein langes Leben:
Salbei

Die graufilzigen Blätter des Salbeistrauchs (Salvia officinalis) können Mittelmeerurlauber an trockenen, kalkhaltigen Felshängen sammeln. Als grünes Mitbringsel gedeiht der winterharte Lippenblütler mit seinen heilkräftigen Inhaltsstoffen auch daheim im Garten oder im Topf auf dem Balkon.

Küche: zu Kalb-, Hammel- und Schweinefleisch, Gemüse- und Fleischspießen, Leber und Aal, in Ausbackteig frittiert; die blauen Blütenkelche auch als herbe Erfrischung auf Vanilleeis; gut zum Einlegen in Öl, Essig und in fruchtige Gelees

Dalmatientipp
Besonders würziger, heilkräftiger Salbei und aromatischer Lavendel wächst auf den dalmatinischen Inseln, allen voran auf der Insel Hvar, die auch für ihr mildes, sonnenverwöhntes Klima berühmt ist.

In 1001 Aromavariationen:
Thymian

Thymian (Thymus vulgaris) finden Sie in Mittel- und Südeuropa wild wachsend an sonnigen Orten mit eher kargem, sandigem Boden. Neben verschiedenen Wildarten gibt es vielerlei Sorten mit interessanten Geschmacksvariationen, von Orangen- über Zitronen- bis hin zu Kümmelthymian. Thymian macht fette Speisen leichter verdaulich und bringt als Tee überbrüht bei beginnendem Husten rasch Linderung.

Küche: für kräftige, dunkle Saucen, Braten und Steaks (Lamm), helles Fleisch (Huhn), Pasteten, Gemüse wie Tomaten, Pilze, Kartoffeln und Auberginen; gut auch zum Einlegen in Essig, für Marinaden und Duftsäckchen

Frankreichtipp
Thymian ist ein wichtiger Bestandteil der »Herbes de Provence«, der typischen südfranzösischen Mischung getrockneter Kräuter, meist mit Thymian, Rosmarin, Oregano, Majoran, Bohnenkraut und provenzalischem Lavendel. Feinschmecker lieben den französischen Thymian, der ein besonders liebliches Aroma hat.

Fein zu Fisch:
Fenchel

Wilder Fenchel (Foeniculum vulgare) fühlt sich vor allem in den Ländern rund ums Mittelmeer wohl: Die blaugrün bereiften Pflanzen grüßen mit ihrem fiederblättrigen Laub und ihren gelben Doldenblüten gerne von sonnigen Wegrändern. Nicht nur ihr Äußeres verrät sie schnell, auch ihr süßlich-scharfer Duft ist unverkennbar. Ein Tee hilft Klein und Groß bei Blähungen.

Küche: Blätter und Blüten in Saucen zu Fisch, Samen zu Fleisch, Fisch und Suppen; Knollenfenchel als Gemüse

Schweden- und Sizilientipp
Er wächst an den Küsten Schwedens ebenso wie an jenen Siziliens: Der Sizilianische Fenchel (Foeniculum vulgare ›Regalealì‹) schmeckt würzig-dillähnlich und besitzt türkisfarbene, kurze Blätter. Im heißen Süden Italiens hat er es sogar bis zur wichtigen Zutat im Nationalgericht »Pasta con le sarde« gebracht: Maccaroni, überbacken mit einer Sauce aus Sardellen, Rosinen, Pinienkernen, Knoblauch, Zwiebeln und Safran.

Auf Märkten unterwegs
Besonders inspirierend ist es, über die Märkte in fremden Ländern zu schlendern, die in bunter Fülle angebotenen Früchte und Gemüse zu bewundern und an würzigen Kräutern zu schnuppern.

Von Zitronen- bis Anisduft:
Basilikum

Wild wachsender Basilikum (Ocimum basilicum) gedeiht an sonnigen, nicht zu trockenen Orten rund ums Mittelmeer. Doch die Chance, ihn im Topf auf Gemüse- und in Supermärkten zu treffen, ist ungleich höher! Es gibt vielerlei Arten und Sorten mit unterschiedlichen Blatt- und Blütenfarben und Aromen von anisähnlich bis zitronig.

Küche: zu Tomatengerichten, Pasta und Pizza, für Pesto, zu Gemüse wie Auberginen, Salaten, Hülsenfrüchten

Südfrankreichtipp
Auf den Märkten finden Sie hier oft den buschigen, großblättrigen Provence-Basilikum, der unter der südlichen Sonne ein beneidenswert feurig-pfeffriges Aroma entwickelt.

Griechenland-/Türkeitipp
Der Kleinblättrige Buschbasilikum (O. basilicum var. minimum) wird hier als Topfpflanze vor Hauseingänge und auf die Fensterbank gestellt, um unliebsame Insekten wie Mücken fernzuhalten. Fürs mobile Zuhause ist diese Abwehrmaßnahme ebenfalls einen Versuch wert!

Köstliches Gurkenaroma:
Borretsch

Mittelmeerurlauber treffen das borstig behaarte Küchenkraut (Borago officinalis) an Wegrändern und auf Brachland ebenso wie gelegentlich im Handel. In Mitteleuropa gedeiht das hier mitunter auch verwildert anzutreffende Küchenkraut an eher feuchten Orten. Seine hellvioletten, auch weißen und rosa Blütensterne sind eine hübsche Dekoration in der Sommerbowle, auf Süßspeisen und zu Beerenfrüchten.

Küche: zarte, junge Blätter in Wildkräutersalaten, Quark und Frischkäse, blanchiert als Gemüse und in Suppe

Von oben nach unten: Thymian, Mittelmeerfenchel, Basilikum, Borretsch.

Sanfte, wärmende Würze:
Dill

Dill (Anethum graveolens) finden Urlauber im Mittelmeergebiet wild wachsend an warmen, eher windgeschützten, sonnigen Plätzen. Ihn in freier Natur zu ernten, empfiehlt sich nur für Kenner – denn in der Natur gibt es einige nicht essbare Doldengewächs-Doppelgänger.

Küche: zu Aal, Lachs und Krabben, Quarkspeisen, Marinaden, grünen Salaten, Kartoffelsalat, Kräuterbutter; für Essig und zum Einlegen von Gurken; reife Samen wie Kümmel verwendbar

Geliebtes Feinschmeckerkraut:
Estragon

In vielen Mittelmeerländern ist Estragon (Artemisia dracunculus) ein beliebtes, auf dem Markt erhältliches Küchenkraut. Er duftet warm und süßlich, sein Geschmack ist würzig anisartig und aromatisch. Geschmacklich nicht ganz so zart wie der Deutsche oder Französische ist der anspruchslosere Russische Estragon.

Küche: zu Geflügel, Gemüse, Reis und Fisch, in Dips, Marinaden, Mayonnaise, Kräuterbutter; nur sparsam dosieren, damit der markante Geschmack nicht zu sehr dominiert.

Frankreichtipp
Estragon wird besonders in der französischen und italienischen Küche geschätzt. Unverzichtbar ist er in der feinen Sauce béarnaise, die aus Eigelb, Butter und einer Reduktion aus Wein, Essig, Estragon und Schalotten aufgeschlagen wird.

Aromawunder aus Südafrika:
Duftblattgeranie

Von Duftblattgeranien oder Duftpelargonien (Pelargonium) gibt es unzählige Arten und Sorten mit verschiedensten Duft- und Geschmacksrichtungen wie Rose, Zitrone, Orange, Minze und sogar Schokolade, weshalb die anmutigen Schönen aus Südafrika auch unter Urlaubs-Gourmets in Europa immer mehr Freunde finden. Reisende finden die Topfpflanze vor allem in den Mittelmeerländern, gelegentlich auch auf Gemüsemärkten. Dabei reicht es – mit entsprechender Genehmigung –, ein Blatt abzuzwicken, um Speisen zu aromatisieren. In aller Munde ist derzeit die Art Pelargonium sidoides als wirksamer Infektblocker namens Umckaloabo (Zulusprache: »schwerer Husten«).

Küche: klein geschnittene Blätter oder Blüten zum Aromatisieren von Quarkspeisen, Desserts, Sommerbowlen, Likören, Tees sowie in Sommersalaten und Saucen

Leckere Blüten für den Salat:
Kapuzinerkresse

Immer mehr Dauercamper schätzen die Kapuzinerkresse (Tropaeolum majus). Zu Recht, denn sie ist hübsch, bietet schnellen Sichtschutz und schmeckt zudem noch lecker: Sowohl die tellerrunden Blätter als auch die auffälligen Blüten schmecken kresseähnlich scharf, stärken das Immunsystem, wirken appetitanregend und verdauungsfördernd.

Küche: die Blüten für Sommersalate und Quarkspeisen, die Samen als Kapernersatz, die Blätter klein geschnitten in Salat oder Quark

Feine Blättchen im Aufwind:
Koriander

Blattkoriander (Coriandrum sativum), aus der asiatischen und südamerikanischen Küche stammend und auch Cilantro genannt, ist derzeit für viele der Favorit unter den Würzpflanzen. Man findet ihn immer häufiger in gut sortierten Lebensmittelgeschäften und auf Märkten.

Küche: Blätter in grünen Saucen, zu Fleisch und Fisch, in thailändischen Gerichten ebenso wie in der mexikanischen Küche, zu exotischen Currys und Chutneys; die gemörserten Samenkörner für asiatische und orientalische Gerichte

Liebling der Gourmets:
Kerbel

In den Mittelmeerländern finden Sie Kerbel (Anthriscus cerefolium) wild wachsend. Da besonders bei den Doldenblütlern leicht Verwechslungen unterlaufen, sollten Sie ihn aber nur sammeln, wenn Sie ihn gut kennen.

Küche: in hellen Saucen, kurz blanchiert, als Suppe, in Quarkspeisen, Salaten und Kräuterbutter

Frankreichtipp
Kerbel ist unverzichtbar in der bekannten Kräutermischung »Fines herbes«, die auch Estragon, Petersilie, Schnittlauch, Bibernelle und Basilikum enthält. Besonders lecker schmeckt sie in hellen Saucen zu Geflügel und Fisch.

Von links oben nach rechts unten: Dill, Kapuzinerkresse, Estragon, Koriander, Duftblattgeranie.

Maggikraut aus dem Iran:
Liebstöckel

Dieses Doldengewächs (Levisticum officinale) war ursprünglich im Iran beheimatet. Reisende bekommen Liebstöckel am ehesten als Teil des Suppengrüns, zusammen mit Sellerie, Lauch und Karotte. Maggikraut bringt urlaubsmüde Mägen auf Trab und fördert den Appetit.

Küche: für Gemüsebrühe

Schottlandtipp

An den Küsten Schottlands wächst der schottische Liebstöckel (Ligusticum scoticum) wild. Sein Geschmack ist mild und petersilienartig.

Erfrischendes Aroma:
Zitronenmelisse

Zitronenmelisse (Melissa officinalis) gehört mittlerweile zum Inventar vieler gut geführter Lebensmittelläden. Sie finden das Kraut auch gelegentlich wild wachsend in den Mittelmeerländern. Ein Tee aus den frischen Blättern hellt nicht nur das Gemüt auf, er erleichtert auch das Einschlafen und beruhigt die Nerven, vor allem nach einer anstrengenden Anreise!

Küche: in Salaten, zu Quarkspeisen, zu Lamm, Geflügel, Pilzen, als Tee

Tipps zum richtigen Umgang mit Kräutern

Selbst ernten

- Sammeln Sie nur Pflanzen, die Sie gut kennen.
- Ernten Sie nur an unbelasteten Orten ohne Straßenverkehr und nicht in der Nähe von Hunde-Spazierwegen.
- Die Blätter der Kräuter möglichst vor der Blüte ernten, da dann der Gehalt an wertvollen Inhaltsstoffen besonders hoch ist.
- Ernten Sie keine zu großen Mengen. Als Faustregel gilt: die Pflanze um maximal ein Drittel einkürzen.
- Das Sammelgut gründlich waschen und trocknen, ehe Sie es weiterverarbeiten. Blüten vorsichtig ausschütteln oder hineinpusten, um feine lose Pflanzenteile und Insekten zu entfernen.
- Trocken und zerkleinert können die Kräuter gut in leeren Filmdosen, Streichholzschachteln, Cellophan- oder Papiertütchen aufbewahrt werden.

Auf Märkten kaufen

- Verlassen Sie sich auf Ihre Nase und kaufen Sie frische, aromatisch riechende Ware: Robuste Wildkräuter, die unter südlicher Sonne auf meist mageren Böden wachsen und gedeihen konnten, verströmen den intensivsten Geruch. Auch kultivierte, im Bund angebotene Freilandware ist Treibhausgewächsen in Töpfen vorzuziehen.
- Stiele, Blätter, Blüten sollten weder schlaff noch welk wirken.
- Manche Kräuter wie Duftblattgeranien verströmen ihre Wohlgerüche erst, wenn man an der Blattunterseite reibt – dort sitzen die mit ätherischen Ölen gefüllten Drüsenhärchen.
- Kräuter aus konventionellem Anbau vor dem Verzehr immer waschen.

Kochtipps

- Wer mit Kräutern kocht, benötigt dank ihrer aromatischen Inhaltstoffe weniger Salz.
- Zerkleinern Sie Kräuter immer erst unmittelbar vor der Verwendung. Blätter und Blüten sollten trocken sein, um nicht an Aroma zu verlieren.
- Je zarter das Kraut, desto weniger Hitze sollte es ausgesetzt sein: Kräuter wie Kerbel, Basilikum, Dill und Schnittlauch daher erst am Ende der Garzeit zugeben.
- Kräftige mediterrane Lippenblütler wie Rosmarin, Salbei Majoran, Oregano und Thymian dürfen dagegen mitkochen, sie setzen erst dann ihre Inhaltsstoffe frei.
- Statt eines wahllosen Durcheinanders geben Sie dem Gericht mit einem oder einigen wenigen Kräutern eine spezifische Note, etwa mit Lavendelblüten auf Ziegenkäse oder Zitronenmelissenblättchen im Dessert.
- Kräuter fürs Auge: Ein, zwei Zweiglein des im Gericht verwendeten Krautes am Tellerrand verleihen auch unter einfachen Bedingungen dem Essen ein besonderes Flair.
- Kräuter, die Sie nicht verbrauchen, stellen Sie in ein Gefäß mit frischem Wasser in den Schatten. Dabei dürfen nur die Stiele feucht stehen; nasse Blätter faulen rasch. Sie können das Erntegut auch in ein wassergetränktes Küchenhandtuch oder in ein Haushaltspapier wickeln.

Pflanzentipp

Schneiden Sie Stecklinge von strauchigen Mittelmeerkräutern wie Rosmarin, Salbei und Thymian und sehen Sie, ob das grüne Souvenir zu Hause im Topf Wurzeln schlägt.

So geht's: Schneiden Sie vom Strauch einen etwa 10–15 cm langen Trieb mit einem scharfen Messer schräg ab, umwickeln Sie ihn mit einem feuchten Taschentuch, um das sie eine kleine Kunststofftüte wickeln, die sie mit Gummi fixieren. Spätestens nach 2–3 Tagen sollte der Steckling in einen Topf mit sandiger Einheitserde kommen.

Von oben nach rechts unten: Kerbel, Liebstöckel, Zitronenmelisse.

Schönes und Nützliches für unterwegs: Produkte und Bezugsquellen

Camping- und Outdoor-Ausrüster

Denart & Lechhart GmbH, Bargkoppelstieg 12,
D-22145 Hamburg, Telefon +49 (0)40 67 96 61 79
www.globetrotter.de

Lauche & Maas, Alte Allee 28, D-81245 München
Telefon +49 (0)89 820 66 77, www.lauche-maas.de

Biskupek & Fitsch GbR, Poitzen 61, D-29328 Fassberg
Telefon +49 (0)5055 98 71 31, www.wildnissport.de

Fritz & Berger, Fritz-Berger-Straße 1, D-92318 Neumarkt
Telefon +49 (0) 1805 33 01 00, www.fritz-berger.de

Scandic Outdoor GmbH, Zum Sportplatz 4,
D-21220 Seevetal, Telefon +49 (0)410 56 81 30
www.scandic.de

Im Folgenden finden Sie Produkte, die sich nach unserer persönlichen Erfahrung in der improvisierten Urlaubsküche besonders bewährt haben oder uns als besonders praktisch oder originell aufgefallen sind.

Kocher

Der Fachhandel (siehe Adressen oben) bietet Kocher für jeden Bedarf und in verschiedenen Ausführungen: vom Taschenkocher bis zum kompletten Koch- und Grillset mit zwei Flammen, mit unterschiedlichen Brennstoffen (Esbit, Gas, Spiritus, Kerosin, Diesel, Benzin oder Petroleum). Beim Kauf eines Kochers immer auch gleich an die Ersatzkartusche oder -flasche denken!

- **Flexibel:** Alleskocher Primus Multi-Fuel 2004 (MFS), sowohl mit Gas als auch mit Benzin und Petroleum zu betreiben (Camping- und Outdoor-Ausrüster)
- **Für windiges Wetter:** Wildniskocher aus Skandinavien: Trangia-Sturmkocher (Spiritus) und Turbokocher Jetboil (Gas) (Camping- und Outdor-Ausrüster)
- **Auch im Gebirge leistungsstark:** Benzinkocher, z.B. MSR Dragonfly mit sehr feiner Regulierung (Outdoor-Ausrüster)
- **Kippstabil:** Einflammen-Profi-Gaskocher mit Feuerteufel (Treptow Technik Handel, D-82266 Inning am Ammersee, Telefon +49 [0]8143 44 47 31, www.gaskocher-mobil.de)
- **An Bord bewährt:** Origo-Spirituskocher (Wassersportausrüster, AWN-Wassersportzentrum, Holstenkamp 58, Hamburg, Telefon +49 [0]40 899 69 75 05, www.awniemeyer.de)
- **Solarkocher:** Global Sun Oven (Internetservice: Marion Nordquist, Gartenstraße 12, D-63512 Hamburg, www.solarverkauf.de)

Grill, Ofen, Wok, Toaster

- **Zerlegbare oder faltbare Grillroste in Zigarrengröße:** Grilliput Mini Grill, Ortec Scheren-Rost Mini-Pack oder Mimigri Reisegrill (Camping- und Outdoor-Ausrüster)
- **Faltbare Feuerschalen aus Stahl:** zum Schutz des Untergrundes (Camping- und Outdoor-Ausrüster)
- **Faltbarer Ofen:** wird auf einem großen einflammigen oder zweiflammigen Gaskocher aufgebaut (Coleman Campstone Oven von Globetrotter)
- **Rucksack-Toaster:** Scheibe mit aufsteckbaren Drahtbügeln, geeignet für alle Kocher (Camping- und Wassersportausrüster)
- **Einmal-Grill:** leichter Komplettgrill aus Aluminium (überall im Handel erhältlich)
- **Handlicher Grill und Ofen in einem:** Cobb-Grill (Cobb Germany, Postboks 152, 7900 Nykøbing Mors, Dänemark, Telefon +49 [0] 1775 38 86 77, www.cobb-grill.de)
- **Wok** auf einem Gestell mit eingebautem Gasbrenner (emaillierte Schüssel): Skottel Braai Grill Wok (Götz Geräte-Großhandelsges. mbH, Augsburger Str. 10a, D-82110 Germering, Telefon +49 [0]89 894 26 20, www.goetz-gasgeraete.de)
- **Pfannen:** finnische Grillpfanne Muurikka, auch fürs offene Feuer geeignet, und Leisku Muurikka, Wanderpfanne für unterwegs mit Klappgriff (Schwedenservice24-direkt, Agentur Jörg Schmieder, Tannenweg 4A, D-02681 Carlsberg, Telefon +49 [0]3592 38 00 97, www.schwedenservice24.de)
- **Dutch oven** fürs Garen und Brotbacken über offenem Feuer: Topf mit Deckel und Füßen aus massivem Gusseisen in verschiedenen Größen, auch zum Einhängen an ein Dreibein (nach dem Prinzip des Kochens aus der amerikanischen Pionierzeit). Der Deckel kann zugleich als Grillplatte dienen (siehe Camping- und Outdoorausrüster sowie bei: Green Mountain, Steinbecker Str. 81g, D-21244 Buchholz, Telefon +49 [0]4181 88 92, www.greenmountain.de)

Geschirr und Besteck

Geschirr aus Kunststoff ist ideal für unterwegs: Es ist bruchfest, leicht und in unerschöpflicher Vielfalt erhältlich. Doch auch solches aus Hartglas, Email, Holz und Blech eignet sich. Kompaktes, zusammenklappbares Reisebesteck aus Metall gibt es bei Outdoor-Ausrüstern; Kunststoffbesteck ist in Haushaltsläden ebenso erhältlich wie einfaches Metallgeschirr.

Originelles Geschirr/Besteck aus dem vorliegenden Buch:

- **Holzgeschirr und -besteck** aus Wacholder, Birke und Erle aus Estland (Chrimo Handwerk aus Estland, Undinestr. 49, D-12203 Berlin, Telefon +49 [0]30 4978 24 36, www.chrimo.com)
- **Kompostierbares Palmblattgeschirr:** Compost it Palmblatt, Eco-Vision (Camping- und Outdoor-Ausrüster, Haushaltswaren-Fachhandel, Welt-Läden)
- **Blechtassen** mit Filzüberzieher aus Tibet (Imkerei Jürgen Daum, See 5, D-82409 Wildsteig, Telefon +49 [0]88 67 18 97)
- **Pilzmesser** (Torquato AG, Am Spakenberg 45, D-21500 Geesthacht, Telefon +49 [0]4152 80 14 10, www.torquato.de)

Sonstige Kochutensilien

- **Milchschäumer:** Sie funktionieren alle nach dem gleichen Prinzip: Die Milch wird batteriegetrieben druckluftfrei dank eines schnell rotierenden Mini-Schneebesens geschäumt. Sehr schönen, festen Schaum schlägt nach unserer Erfahrung der Bomann-Schäumer und der Aero-Latte (im Haushaltswaren-Fachhandel).
- **Stockbrothalter** (Pfiffikus Einzelhandel, Birgit Bussmann, D-34414 Warburg, Telefon +49 [0]5641 74 36 82, www.stockbrot.com)
- **Abschüttdeckel:** sind einzeln erhältlich oder bereits in Kochgeschirrsets integriert (Haushaltswaren-Fachhandel)
- **Teefilter:** zum Abgießen von Öl, Essig und Wein (z.B. Melitta Cilia Teefilter, Haushaltswaren-Fachgeschäfte)

Campingtische und -stühle

- **Robust und belastbar:** Outdoor Picknicktisch, Gesamtgewicht mit Bänken: 11,6 kg (Torquato AG, Adresse: siehe oben unter »Pilzmesser«)
- **Leichte Alutische**, falt- und rollbar (Camping- und Outdoorausrüster, Discounter, Gartencenter)

Kompakte und leistungsfähige Kühlgeräte und -boxen

- **Für Boote:** Kühlgeräte-Spezialist Engel (Engel Europa, Roega Technik Handels GmbH, Sägewerkstasse 3, D-83395 Freilassing, Telefon +49 [0]549 80 54 76, www.roega.de)
- **The Australian Cooler Bag:** Kühltaschen »für die australische Sonne«: 24 Stunden Kühle mit einem einzigen Kühlelement (Torquato AG, Adresse: siehe oben unter »Pilzmesser«)

Allzweckplanen/Windschutz

- **Allzweckplanen:** vielseitig einsetzbar, 100% wasserdicht und UV-stabilisiert (Gartenfachhandel, Camping- und Outdoor-Ausrüster)
- **Wind-, Sonnen- und Sichtschutz Tarps** (von engl. tarpaulin, Plane): mit verschiedenen Beschichtungen, auch Tarp-Stangen (Camping- und Outdoor-Ausrüster)

Kräuterwanderungen und -seminare

Steffen G. Fleischhauer (kulinarische Exkursionen, Workshops), Telefon +49 (0)816-117-34-04, www.essbare-wildpflanzen.de

Ulle Dopheide (kulinarische Exkursionen mit mobiler Feldküche), Telefon +49 (0)89-20027-06, www.lbv-muenchen.de

Aromatika Phyta, Brigitte Roth, Aris Kokotsis (Kräuterwanderungen und Seminare in Griechenland), Telefon +30 26450-41309 oder +30 6934 287 446, www.lefkas.cc

Artemisia Allgäuer Kräutergarten, Tilmann Schlosser (Seminare, Führungen, Hofladen,Teestube), Telefon +49 (0)8386-960510, www.artemisia.de

Kathrin Rüegg (Seminare, Workshops), Telefon +41 (0)91 746 12 84, www.kathrin-ruegg.ch

Die Blumenschule, Reiner Engler (Biogärtnerei mit Verkaufsladen, Kräuterseminare), Telefon +49 (0)8861-7373, www.blumenschule.de

Rühlemann's Kräuter & Duftpflanzen (bezüglich Artenfülle führende Kräutergärtnerei, Seminare), Telefon +49 (0)4288-928558, www.kraeuter-und-duftpflanzen.de

Bergbauernhof Berggarten, Seminare, Vorträge, Kräuterführungen, Hofladen), Gertrude Messner, Telefon +43 (0)5331-5369, www.gertrudemessner.at

Olaf Rippe, Margret Madejsky (vorwiegend heilkundlich orientierte Kräuterexkursionen und -seminare)
Telefon +49 (0)89-272 5902, www.natura-naturans.de

Oskar Marti, Kräuterspitzenkoch mit Restaurant, Kochkurse für Kinder in Grindelwald, Telefon +41 (0)31 869 01 13, www.moospinte.ch

Ursel Bühring, Freiburger Heilpflanzenschule (vorwiegend heilkundlich orientierte Kräuterexkursionen)
Telefon +49 (0)761-5565590, www.heilpflanzenschule.de

Eva Aschenbrenner (Kräuterexkurionen)
Telefon +49 (0)8851-478, www.eva-aschenbrenner.de

Literaturverzeichnis

Boksch, Manfred: Das praktische Buch der Heilpflanzen, BLV Verlag, München 2003

Bühring, Ursula, Jutta Schneider, Michael Will: Blütenrezept-Postkartenbücher, Edition Phoenix 2002 (www.phoenix-edition.de, www.heilpflanzenschule.de)

Für alles ist ein Kraut gewachsen, Rezepte von Allgäuer Bäuerinnen, AVA-Verlag Kempten

Gerhardt, Ewald: Steinpilz, Pfifferling und Champignon, BLV Verlag, München 1998

Guthjahr, Markusine: Kräuterschätze zum Kochen und Kurieren, Landbuch Verlag, Hannover 2004

Hess, Reinhardt, Sabine Sälzer: Die echte italienische Küche, Gräfe und Unzer, München 2003

Höh, Rainer: Wildnis Küche, Reise-Know-How-Verlag, Bielefeld 2002

Kreuter, Marie-Luise: Kräuter für Garten, Balkon und Terrasse, BLV Verlag, München 2004

Marti, Oskar: Lustgarten Natur, AT Verlag, Aarau 2002

McVicar, Jekka: Essbare Blüten. Rezepte für Genießer, BLV Verlag, München 1998

Medici, Lorenza de: Lorenzas Antipasti, Christian Verlag, München 1998

Tscharner, Gisula, Heinz Knieriemen: Hexentrank und Wiesenschmaus, AT Verlag, Aarau 2005

Volk, Renate und Fridhelm: Kochen mit Kräutern, Eugen Ulmer Verlag, Stuttgart 2002

Danksagungen

Tatkräftige Unterstützung, handwerkliches Geschick, gute Nerven, ein offenes Ohr, seine freie Zeit und gute Tipps zur rechten Zeit lieferte stets mein Mann, der großen Anteil an diesem Buch hat. Danke meinen beiden lieben Söhnen, die alle Rezepte kritisch testeten und sich kaum beklagten, dass Mama weniger Zeit für sie fand. Danke auch an meine Buchpartnerin Jutta Schneider-Will für ihr Verständnis, ihre Ideen und ihre wunderschönen Fotos. Ein besonderer Dank gebührt den Heilpraktikern und lieben Freunden Margret Madejsky und Olaf Rippe, die als erfahrene Buchautoren wertvolle Ratschläge gaben, ebenso den Kolleginnen und Kollegen von »kraut&rüben«. Auch unsere Familienfreunde und Nachbarn Stefanie und Titus sowie Stefanies Eltern begleiteten uns mit ihren originellen Tipps und verwöhnten uns mit dem einen oder anderen Glas Wein auf ihrer Terrasse. Meinem Bruder Christian, seiner Frau Andrea sowie ihren Kindern Paula und Leon gilt ebenfalls ein herzliches Dankeschön – die Tage auf Eurer Hütte mit der offenen Feuerstelle waren wunderschön. Danke an Mama, die mich in meiner Kindheit nach der Schule immer mit glühenden Herdplatten und leckeren Essensdüften empfing. Ein dickes Bussi auch an Schwägerin Angela, Neffe Sebastian, Nichte Caroline und meinen älteren Bruder Andi, der als Genießer uns gerne spontan besuchte. Danke an Antje Hagen, die unsere Hompage Urlaubsküche.com aufbaut. Ein besonderes Dankeschön gebührt auch unserer verständnisvollen Lektorin Monika Schmidhofer. Katharina Bodenstein

Mein herzlicher Dank geht an:

- Katharina, die unermüdlich alle Ideen in die Tat umsetzte und in ihrer Kochbegeisterung nicht zu bremsen war
- Birgit und Clown Robert vom Zirkus Ragazzi, die unermüdlich Spätzle schabten und neue Rezepte ausprobierten
- Gudrun, die immer für ein tolles Picknick zu haben war
- meine Schwester Tina mit Andreas, Kenia und Julius für ihre kreative Unterstützung
- Manfred für seine Hackfleischbällchen, die ihn an seine Kindheit erinnerten
- Helena für den Avocado-Kaffee aus ihrer Heimat Indonesien und ihre ansteckende Leidenschaft fürs Kochen
- meine Schwester Uli, die als Geologin die Tricks zum Flaschenöffnen an der Uni gelehrt bekam
- Elke für ihr liebevoll gebackenes Holzofenbrot
- Ursel Bühring, die immer wieder Kräuter und Blüten schmackhaft machte
- meinen Mann für seine immerwährende Begeisterung für meine Naturküche und die digitale Bildverarbeitung

Jutta Schneider

Rezeptverzeichnis

Die Autorinnen

Katharina Bodenstein

Biologin, langjährige Redakteurin bei der Gartenzeitschrift »kraut&rüben«, begeisterte Camperin, Freiluftköchin und Mutter zweier Söhne. Sie entwickelte das Konzept und einen Großteil der Rezepte des vorliegenden Buches, unterstützt von Ideen der befreundeten Fotografin Jutta Schneider-Will. »Privat koche ich leidenschaftlich gerne, wobei mir frische, möglichst regionale Zutaten wichtig sind. Dieses Motto gilt auch unterwegs unter einfachen Bedingungen. Meine Familie dagegen liebt vor allem das Brutzeln am offenem Feuer. Egal ob Sie im Freien kochen, in einer Kombüse, auf der Hütte oder im Ferienhaus – dieses Buch möge für alle Liebhaber der schnellen, frischen und feinen Küche unterwegs wertvoll sein.«

www.urlaubsküche.com

Jutta Schneider

Biologin, freie Fotojournalistin, überwiegend im Bereich Kräuter und Garten für namhafte Buch-, Zeitschriften- und Kalenderverlage. Mit Ursel Bühring von der Freiburger Heilpflanzenschule und Michael Will entstanden die Postkartenbücher »Traumhafte Blütenrezepte« und »Früchte & Blüten«; beim DuMont Verlag erscheinen jährlich ein Kräuter- sowie Heilkräuterkalender. »Unterwegs sein mit allen Sinnen, sehen und ernten, was die Natur uns schenkt, regionale Produkte vom Erzeuger vor Ort einkaufen, in fremden Ländern die unverfälschte, ursprüngliche, einfache Küche der Einheimischen kennenlernen – dies war meine Motivation für das vorliegende Buch.«

Edition Phönix, Jutta Schneider, Michael Will
www.phoenix-edition.de